부활이
알고 싶다

부활이 알고 싶다

지은이 이상훈
펴낸이 임상진
펴낸곳 (주)넥서스

초판 1쇄 발행 2018년 3월 20일
초판 2쇄 발행 2018년 3월 25일

출판신고 1992년 4월 3일 제311-2002-2호
10880 경기도 파주시 지목로 5
Tel (02)330-5500 Fax (02)330-5555

ISBN 979-11-6165-316-7 03230

저자와 출판사의 허락 없이 내용의 일부를
인용하거나 발췌하는 것을 금합니다.

저자와의 협의에 따라 인지는 붙이지 않습니다.

가격은 뒤표지에 있습니다.
잘못 만들어진 책은 구입처에서 바꾸어 드립니다.

www.nexusbook.com
넥서스CROSS는 (주)넥서스의 기독 브랜드입니다.

부활이 알고 싶다

다시 배우는 부활,
당신은 부활을 믿는가

이상훈 지음

넥서스CROSS

추천사

탄탄한 성경 신학을 기초로 하여
성경이 말하는 '부활'을 말하다

세상 최고의 소식이 있습니다. 예수님이 부활하셨다는 소식입니다. 이 소식은 세상의 그 어떤 것과 비교할 수 없는 기쁜 소식입니다. 예수님의 부활은 온 우주의 영적인 패러다임을 단번에 역전시킨 구원의 완성입니다. 더불어 우리가 마지막 날에 경험하게 될 영광스런 부활을 미리 보여주신 겁니다. 저는 이런 부활을 묵상할 때마다 마음에서 새로운 소망이 샘솟는 것을 느낍니다.

「부활이 알고 싶다」는 부활을 더 깊이 묵상하고 더 넓게 바라볼 수 있도록 도와주는 책입니다. 저는 이 책을 두 가지에 비유하면서 추천하고 싶습니다.

첫째, 이 책은 진주 목걸이와 같은 책입니다. 사실 성경에는 부활에 대한 진리가 한군데 모아져 있지 않습니다. 저자는 성경 곳곳에 숨겨져 있는 부활에 대한 진리를 하나하나 수집하여 잘 정리해 놓았습니다. 마치 진주 한 알 한 알을 목걸이로 엮어 놓은 것 같습니다. 특히 이 책은 저자의 상상력으로 엮어낸 책이 아니라 탄탄한 성경 신학을 기초로 하여 성경이 말하는 부활을 말하려고 노력했습니다. 즉 '계시 의존적 부활론'이라는 것입니다.

둘째, 이 책은 사이다와 같은 책입니다. 저는 오랫동안 목회를 해 오면서 이 책처럼 부활에 대해 시원하고 명료하게 이야기해 주는 책을 본 적이 없습니다. 부활에 대해 알파에서부터 오메가까지 아주 꼼꼼하게 다루었습니다. 특히 부활을 소생이나 데려가심과 비교해 놓은 점, 부활의 목격자들을 만나도록 중매한다는 점, 예수님의 부활이 우리에게 주는 유익을 강조한 점 그리고 부활과 관련된 궁금증들은 성실하게 풀어낸 점은 독자의 마음을 시원하게 해 줄 것입니다.

저자는 〈꿈이있는미래〉에서 발간하는 큐티월간지 「주만나」를 집필하고 있는 숨은 실력자입니다. 마음 푹 놓으시고 저자가 안내하는 대로 부활 여행을 떠나 보십시오. 여러분의 심장 속에서 부활의 생명력이 샘솟아 오르는 것을 느끼게 될 것입니다.

김은호 목사(오륜교회 담임, 사단법인 꿈이있는미래 이사장)

'과거-현재-미래의 부활'이라는
3가지 렌즈로 부활을 바라보다

교회의 절기는 사계절과 잘 어울린다는 생각이 듭니다. 성탄절은 추운 겨울을 포근하게 안아주는 하얀 눈과 같고, 추수감사절은 풍요로운 열매가 가득한 가을날과 제격이며, 성령강림절은 뜨거운 여름을 닮았습니다. 그리고 부활절은 봄과 단짝입니다. 올 겨울은 유난히도 추워서 땅속 씨앗이 다 얼어 죽었을 것이라 생각했는데, 그 땅을 뚫고 새싹이 다시 올라왔습니다.

부활의 정신이 가득한 이 계절에 「부활이 알고 싶다」가 새싹처럼 출간되었습니다. 봄의 새싹을 바라보는 제 마음이 반갑고 기쁘듯이, 이 책의 출간 소식은 또 다른 봄의 기쁨이요 부활의 기쁨이었습니다.

우리는 언제부터인가 부활절을 행사로만 여기고 마르다처럼 절기를 치르는 데만 집중했습니다. 하지만 달걀을 포장하고 칸타타를 준비하며 특별행사에 참여하는 것보다 더 중요한 것이 있습니다. 마리아처럼 주님 곁에서 부활의 진정한 의미를 마음 한 가득 채우는 묵상입니다. 이 책은 우리를 부활에 대한 더 깊고 더 넓은 묵상으로 성실하게 인도해 줄 것입니다.

특히 저자는 과거의 부활-미래의 부활- 현재의 부활이라는 3가지 렌즈로 부활을 바라보고, 시점의 순서대로 잘 정리해 놓았습니다. '과거의 부활'이란 2천 년 전 아리마대 요셉의 무덤에서 일어났던 예수님의 역사적 부활을 말합니다. '미래의 부활'이란 예수님이 재림하시는 날에 이루어진 모든 사람의 종말적 부활을 말합니다. 그리고 '현재의 부활'이란 예수님과 함께 죽고 예수님과 함께 사는 신비로운 연합을 말합니다. 부디 이 책을 통해서 저자가 안내하는 부활의 풍성함을 맛보시길 기도합니다.

고명진 목사(수원중앙침례교회 담임, 극동방송 이사)

부활은 믿는 자에게
단지 희망사항이 아닌 실제(實際)다

부활은 유한한 삶을 영위(營爲)하는 지상의 모든 인생이 염원(念願)하는 소망이라 할 수 있습니다. 저자는 이 부활이 믿는 자에게 단지 희망사항이 아닌 실제(實際)임을 소상히 밝혀 주고 있습니다. 성경은 부활을 증거하면서 예수님이 부활하셨고, 어떻게 예수님의 부활을 사실적으로 증언하였는지 일목요연(一目瞭然)하게 설명합니다.

저자는 4대째 크리스천 집안에서 출생하여 외조모와 어머니의 기도를 토대로 한 믿음으로 유년시절 탄탄한 신앙의 기초를 형성하며 자랐습니다. 또한 프리셉트성경연구원의 선임 집필자로서 소중한 성경공부 자료를 편찬해 왔습니다. 저자가 그동안 갈고닦은 필력과 연구 성과를 기반으로 심혈(心血)을 기울여 집필한 본서를 숙독(熟讀)함으로 부활 신앙을 확고히 세울 수 있기를 간절히 소망합니다.

김경섭 목사(프리셉트성경연구원장, 죽전 · 광교안디옥교회 담임)

죽음을 사랑할 수 있는 삶으로의 변화, 참된 부활을 경험하다

따스한 봄기운이 피부를 위로하며 추위에 무뎌진 볼 감각을 자극합니다. 그렇게 봄은 매년 우리에게 새롭게 다가옵니다. 다시 시작되고 새로워짐을 자연의 이치로 이해하며 살아가는 유한한 인생의 한계 앞에 놓인 우리에게 때로는 장구해 보이는 대자연의 이치는 우리를 한없이 침묵하게 합니다. 저는 이상훈 목사님께서 집필하신 이 책을 통해 유한한 존재가 갖는 고뇌의 문제를 성경 말씀을 통해 쉽게 이해함으로, 크리스천의 현재와 미래에 대한 삶의 방향을 새롭게 할 수 있어 너무나 행복합니다.

이 책은 저와 같은 고민을 해온 크리스천들에게 삶과 죽음에 대한 정의를 새롭게 해 줄 수 있는 귀한 책이 되리라 믿습니다. 사전적 의미로 국한된 부활이 아닌 부활의 참 의미를 통해 죽음을 사랑할 수 있는 삶으로의 변화를 직접 경험해 보시길 소망합니다. 더불어 유한한 인생을 두고 진지하게 고민하는 현대인들에게 참 위로와 영적 변화를 경험하는 기회가 될 것이라 확신합니다.

백승호 원장(인천백병원, 강화백병원)

21세기를 살아가는 믿는 자들이 매년 부활절을 맞이하지만, 부활의 참뜻이 무언지 모를 때가 많은 것 같습니다. 이 책은 저와 같이 믿음이 흔들리거나 약해질 때 참된 부활의 의미를 깨닫고 승리하는 삶을 살아가길 원하는 신앙인들에게 믿음의 초석이 될 거라 확신합니다.

박천수 집사(KB국민은행 부지점장)

이상훈 목사님은 성도들이 꼭 알아야 할 성경의 핵심 내용을 쉽고도 분명하게 전달하는 설교가이자 스토리텔러이다. 이번에 펴낸 「부활을 알고 싶다」를 통해 성도들은 부활 신앙을 회복하는 기회이자 부활하신 예수님을 전하는 통로가 되었으면 하는 바람으로 적극 추천한다.

이재영 목사(공항벧엘교회, 꿈사나눔 회장)

21세기를 살아가는 오늘날의 교회와 성도들이 맞이하는 부활은 식상하고 의례적이며 무감각하기만 하다. 이 책은 이러한 안타까움에 부활에 대한 인식을 다시 한 번 성경적 깊이와 이해로 잘 조명하여 한국 교회와 성도들이 진정한 부활의 의미와 소망을 깊이 묵상할 수 있게 하였다.

박상국 목사(아름다운교회 담임)

성경에 대한 통전적 시각과 영적 통찰력을 가지고 계신 이상훈 목사님의 「부활이 알고 싶다」는 부활에 대한 단순한 지식 전달 차원을 뛰어넘어 성도인 우리가 부활의 삶으로 나아갈 수 있는 최고의 길잡이가 될 것이다. 살아있는 듯 생동하는 그의 책을 통해서 부활은 삶이 된다.

양재웅 목사(양구장로교회 담임, 「심방설교집」, 「크리스천 대표기도문」의 저자)

부활이 그리스도인들에게 무엇인지를 명확하게 알려주는 또 하나의 바이블과 같은 귀한 책을 강력하게 추천합니다.

윤수일 목사(예닮교회 담임)

'선무당이 사람 잡는다'라는 말이 있다. 나는 목회현장에서 이와 같은 안타까운 일들을 종종 목격한다. 하나님 은혜의 역사들을 정확히 알지 못하면서 다 알고 있는 양, 그러다 정작 중요한 것을 놓쳐버리는 일들을 말이다. 이 책은 그런 일들을 줄여 가는 데 크게 기여할 것이라 기대한다. 이 책을 통해 부활의 역사와 은혜를 바르게 알고 믿어 많은 그리스도인들을 부활의 증인이 되게 하는 일들에 앞장설 수 있게 되길 기대해 본다.

김성범 목사(예수사랑교회 담임)

서문

부활을 믿는다고 말하면 왠지 바보가 될 것 같은 세상이다. 그래서 우리는 '부활'이라는 두 글자를 마음속 깊이 숨긴 채 오늘을 살고 있다. 하지만 1세기 신앙의 선배들의 삶의 모습을 보면, 우리의 그런 모습이 부끄러워진다. 초대 교회 성도들은 부활에 대한 생각이나 태도가 특별했다. 그들은 부활을 증언하다가 죽었다. 그들에게 부활은 믿으면 좋고 믿지 않아도 나쁘지 않는 그런 부차적인 것이 아니었다. 부활은 우리가 믿는 기독교의 핵심(Core)이자 뿌리(Origin)라는 사실을 알았기 때문이다. 뿌리 없는 나무는 죽은 나무이듯 부활 없는 기독교, 부활 없는 그리스도인은 가짜다.

이 책에는 부활 이외의 이야기는 없다. 그 흔한 부활에 대한 예화도 없다. 오롯이 성경이 말하는 부활을 풀어내는 것이 이 책의 유일한 목적이다. 굳이 비유하자면 인공조미료를 치지 않은 집밥과 같은 부활 이야기다. 그래서 독자에 따라서는 입맛에 맞지 않을 수도 있을 것이다. 하지만 그 옛날 예수님께서 엠마오의 두 제자에게 말씀을 풀어 주셨을 때 제자들의 심장이 뜨거워졌던 것처럼, 이 책을 읽는 독자들의 모습도 그런 모습이길 기대해 본다.

  이 책이 나오기까지 격려와 응원을 아끼지 않고 부활에 대한 밤샘토론을 싫다하지 않은 사랑하는 아내 장미희와 수아와 수찬이에게 감사의 마음을 전한다. 든든한 후원자 이용택 안수집사님과 김연심 권사님, 마음의 안식처 장근주·김복례 집사님께 특별한 사랑을 전한다. 어려운 개척 교회의 길을 함께하고 있는 하늘향기교회 가족과 기도와 사랑을 아끼지 않는 후원자들에게도 진심으로 감사한다. 이 책의 기초는 모두 목회의 멘토이신 황정길 원로목사님으로부터 시작되었다. 끝으로, 귀한 집필의 기회를 주신 넥서스CROSS와 성실한 편집으로 동역해준 조현영 팀장에게 감사의 마음을 전한다.

  무엇보다 쓰러진 나를 일으켜 다시 주의 일꾼 삼아주신 부활의 주님께 이 세상 최고의 감사를 드린다.

저자 이상훈

차례

추천사 4

서문 12

1장 성경이 말하는 부활 17
1. 소생은 부활이 아니다
2. 데려가심은 부활이 아니다
3. 부활의 어원적 의미
4. 부활의 3가지 시점

2장 예수님의 부활 34
1. 구약성경의 부활 예언
2. 예수님의 부활 예고(豫告)
3. 역사적 부활
4. 부활체
5. 누구의 능력으로
6. 예수님의 부활을 부정하는 주장들

3장 부활의 목격자들 59
1. 첫 목격자: 갈릴리의 여인들
2. 빈 무덤의 목격자: 베드로와 요한
3. 거리의 목격자: 엠마오의 두 제자
4. 바울이 기록한 부활의 목격자들
5. 부활의 목격자들

4장 부활의 유익　95
　　1. 하나님의 의에 참여하게 하신다
　　2. 새로운 생명

5장 나의 부활　115
　　1. 예수 부활, 나의 부활
　　2. 죽음과 부활 사이

6장 부활 논쟁　136
　　1. 부활 이후의 가족관계
　　2. 불신자의 부활
　　3. 신자와 불신자는 각각 다른 시기에 부활하는가?

7장 부활을 믿는 자들의 삶　155
　　1. 부활과 사도신경
　　2. 죽음을 사랑하라
　　3. 부활과 주의 일
　　4. 부활의 증인

1장
성경이 말하는 부활

 인터넷 검색 창에서 '부활'이라는 두 글자를 검색해 보니, 4인조 그룹사운드 부활이 제일 먼저 검색되었다. 그 아래에는 톨스토이의 작품 부활도 소개되고, 헨델이 작곡한 최초의 오라토리오 부활도 소개되었다. 부활이라는 제목의 영화나 드라마도 꽤 많았다. 부활이 이처럼 예술 영역의 소재로 다양하게 사용되는 이유는 무엇일까? 그건 아마도 부활이 주는 긍정적인 이미지 때문일 것이다.

 계속해서 검색 창을 살펴보니, 인터넷 뉴스 기사의 제목에서도 부활이라는 단어가 많이 사용되었다. '호날두 부활하자 날아오른 레알 마드리드', '서울-평양 간 친선축구대회 부활하나? 북측에 의사 타진' 등 스포츠에서부터 정치까지 다양한 기사 제목에 부활이라는 표현이 사용되었다. 이처럼 부활이라는 제목의 기사들은 대부분 부진했던 성적을 다시 회복하거나 없어졌던 것이 다시 생겨나는 내용이었다.

부활은 우리의 일상생활 속에서 매우 친근한 언어로 사용되고 있다. 뭔가 힘이 약해진 것이 다시 강해질 때 부활이라고 한다. 없어진 것이 다시 생겨날 때도 부활이라고 한다. 그래서 국어사전에서도 부활에 대해 정의하기를 '쇠퇴한 것이나 폐지되어 없어진 것이 다시 성하게 일어나는 것'이라고 정의한다. 하지만 성경이 말하는 부활의 개념은 세간에서 사용하는 부활의 개념보다 훨씬 넓고 더 깊다.

성경은 단순히 약해진 것이 다시 강해진다든지, 없어졌던 것이 다시 생기는 것을 부활이라고 말하지 않는다. 심지어 죽었다가 다시 살아나는 것조차도 성경이 말하는 완전한 부활의 개념이 아니다. 성경은 죽었다가 다시 살아나는 것을 넘어 영원히 죽지 않는 몸으로 다시 살아나는 것만을 부활이라고 말한다.

1. 소생은 부활이 아니다

성경은 죽었던 사람이 다시 살아나는 기적의 사건을 여러 번 소개한다. 대표적인 사건을 정리하면 다음과 같다.

■ 소생한 사람들

다시 살아난 자	하나님의 사람	성경
사르밧의 과부의 아들	엘리야	열왕기상 17:17~24
수넴 여인의 아들	엘리사	열왕기하 4:17~37
회당장 야이로의 딸	예수님	마가복음 5:35~43
나인성 과부의 아들	예수님	누가복음 7:11~17
베다니의 나사로	예수님	요한복음 11:1~44
다비다(도르가)	베드로	사도행전 9:36~43
유두고	바 울	사도행전 20:7~12

위의 일곱 명의 사람들은 잠시 기절했다가 깨어난 사람들이 아니다. 모두 완전히 죽었다가 다시 살아난 사람들이다. 이 사람들에게는 세 가지 공통점이 있다.

첫째, 스스로의 힘으로 다시 살아난 것이 아니라는 것이다. 일곱 명의 사람들은 모두 하나님의 능력으로 다시 살아났다.

하나님께서 하나님의 사람을 통해서 죽었던 그들을 다시 살아나게 하신 것이다. 엘리야와 엘리사는 구약의 대표적인 선지자들이고, 베드로와 바울도 신약의 대표적인 사도들이다. 뿐만 아니라 예수님께서는 성자 하나님이시다. 일곱 명의 사람들을 다시 살게 한 사람들은 모두 하나님의 능력을 세상에 나타내는 하나님의 사람들이었다.

둘째, 일곱 명의 사람들은 죽기 직전의 모습 그대로 다시 살아났다. 회당장 야이로의 딸은 죽기 직전인 12살 여자 아이의 모습 그대로 다시 살아났다. 야이로의 딸이 다시 살아났을 때, 결코 아름다운 성인 여성으로 변해 있지 않았다. 사르밧 과부의 아들도 그랬고, 나인성 과부의 아들도 그랬다. 일곱 명의 사람들 모두 죽었다가 다시 살아났을 때에는 죽기 직전의 모습 그대로 돌아왔다.

셋째, 일곱 명의 사람들은 다시 살아난 이후에 일정 시간을 살다가 다시 죽었다. 그들은 비록 죽었다가 다시 살아나는 놀라운 기적을 체험했지만, 그럼에도 결국에는 다시 죽음을 맞이하였다. 엄밀히 말하면, 그들은 죽음을 두 번이나 경험한 것이다. 일곱 명의 사람들이 다시 살아난 것은 생명을 잠시 연장해서 죽음을 몇 년 뒤 혹은 몇 십 년 뒤로 미룬 것뿐이었다. 죽음의 시점을 지연시킨 것뿐이다.

이러한 세 가지 공통점을 가진 일곱 명의 사람들은 엄밀히 말해 부활한 것이 아니다. 단지 소생한 것이었다. '소생'(되살아날 소 蘇 + 살 생 生; revival)은 말 그대로 다시 살아난 것일 뿐이다. 물론 소생이라는 표현이 성경에 나오는 표현은 아니다. 그래서 소생이라는 말을 굳이 만들어서 부활과 구분할 필요가 있느냐고 반문할 수도 있을 것이다. 하지만 소생과 부활을 반드시 구분 지을 필요가 충분하다.

소생과 부활은 '다시 살아난다'라는 기본 개념은 같은 듯하다. 하지만 사실 그에 따른 결과는 하늘과 땅 차이다. 소생은 다시 살아났다가 결국에는 또 다시 죽음을 경험하는데, 부활은 죽음을 경험하지 않고 영원히 살 수 있기 때문이다. 소생은 죽기 직전의 모습 그대로 살아나지만, 부활은 처음 창조되었던 몸과는 완전히 다른 차원의 몸으로 새롭게 창조된다. 이렇듯 소생과 부활의 결과는 완전히 다르다. 만약 소생이 부활과 같다면, 불행해지는 사람이 많다.

예를 들어, 하늘의 시인 송명희 씨는 태어날 때부터 뇌성마비 장애가 있었다. 그녀는 비장애인들처럼 학교에 갈 수가 없었고, 때문에 학령기에는 원망 가득한 생활을 하였다. 그러던 중, 어느 날 문득 그녀는 자신의 어머니가 믿는 하나님을 만나고 싶다는 생각을 하게 되었다. 마침 그녀를 기다리셨던 하나님께서는 송명희 시인을 찾아가셨고, 그녀의 입에 하늘의 시를 주셨다. 송명희 시인의 시는 깊은 영성을 간결한 시어에 담아내는 특징이 있다. 특히 그녀의 시에는 주님이 다시 오실 그 날에 대한 소망이 가득 담겨 있다. 그 날이 오면 그녀는 장애 가득한 몸이 아닌 지금과는 차원이 다른 새로운 부활의 몸으로 재창조될 것을 믿고 있었기 때문이다. 그런데 만약 부활이 소생과 같다면, 송명희 시인에게는 심각한 문제가 생긴다. 그녀는 새 하늘과 새 땅에서 영원히 뇌성마비로 살아가게 되는 것이다.

하지만 다행히도 성경은 부활이 소생과 같은 것이 아니라고 분명히 말씀한다. 부활은 소생처럼 단순히 다시 사는 것만을 의미하지 않는다. 부활은 완전히 새로운 차원의 신령한 몸으로 새롭게 창조되는 것이다. 기존의 몸이 새 창조의 새로움으로 변화되는 것이다. 팔과 다리가 없는 희망 전도사 닉 부이치치도, 천사의 가수 레나 마리아도 새로운 몸으로 부활하게 된다.

또한 자연의 소생을 부활에 비유하는 것에 주의해야 한다. 언제부턴가 달걀이 부활절의 상징이 되었다. 달걀이 부활절의 상징이 된 기원에 대해서는 여러 가지 설들이 많다. 하지만 내가 추측하기에는 아마도 병아리가 껍질을 깨고 새로운 모습으로 태어나는 것이 부활과 비슷한 모양새여서 달걀을 부활의 상징으로 보는 것 같다. 분명 달걀에서 병아리가 나오는 것은 신비로운 자연의 소생이다. 하지만 달걀이 병아리로 변화되는 것이 부활의 진정한 의미를 담아낼 수는 없다. 왜냐하면 병아리도 언젠가는 노화되어서 닭이 되고, 결국에는 죽기 때문이다.

어떤 사람은 부활의 개념을 설명하기 위해 나비의 비유를 사용하기도 한다. 땅을 기어 다니는 애벌레의 삶을 인생으로 비유하고, 애벌레가 고치를 만들어 그 고치 속에서 일정 기간 머무는 것을 죽음으로 비유한다. 그리고 고치를 뚫고 나와 화려한 날개 짓으로 하늘을 날아다니는 나비로 변하는 것을 부활에 비유한다. 어떻게 보면 의미가 적절하게 맞아떨어지는 듯하다. 하지만 그것 역시 부활의 참된 개념을 반영한 것은 아니다. 그 나비도 언젠가는 죽기 때문이다.

또 어떤 사람은 개구리가 겨울잠을 자고 난 후에 생명의 기운이 가득한 봄에 다시 깨어나는 것을 부활에 비유한다. 하지만 그 역시 부활의 진정성을 반영하기에는 아주 많이 부족하다. 병아리, 나비, 개구리 비유 모두 좋지만 그것들은 모두 자연법칙에 의한 소생에 불과하다. 자연의 소생은 긍정적이고 기분 좋은 변화지만, 부활과 같은 영원한 변화는 될 수 없다.

2. 데려가심은 부활이 아니다

하나님의 능력으로 소생의 기적을 경험한 일곱 명의 사람일지라도, 그들은 부활한 것이 아니라는 주장을 하면서 마음속에 걸리는 두 사람이 있다. 바로 에녹과 엘리야이다. 특히 에녹은 내가 어릴 적에 매우 부러워했던 사람 중 하나이다. 에녹이 평생을 하나님과 동행했던 것이 부러웠다기보다는, 죽음을 맛보지 않고 하나님께서 에녹을 그냥 데려갔다는 점이 부러웠다. 어릴 적에는 '죽음'이라는 것이 그저 막연하게 두려웠기 때문이다.

에녹은 창세기 5장에 나오는 아담의 아들 셋의 계보에 등장한다. 셋의 계보는 창세기 4장에 나오는 가인의 계보와 비교했을 때 뭔가 건조하게 느껴진다. 가인의 계보를 보면 화려한 문명이 만들어지는 것을 볼 수 있기 때문이다. 성이 쌓아지고 많은 아내를 얻으며 가축들이 길러졌다. 수금과 퉁소를 이용한 음악 소리가 들리고, 구리와 쇠로 만들어진 연장 소리가 들린다(창 4:16~24). 반면, 셋의 계보에는 아무 소리도 들리지 않는다. 조용하다 못해 적막하다.

셋의 계보의 패턴은 거의 동일하다. 하나같이 맏아들을 몇 살에 낳고 몇 년을 더 살다가 몇 살에 죽었다는 내용뿐이다.

그런데 적막하고 건조한 셋의 계보 가운데서 반짝반짝 빛나는 별과 같은 부분이 있다. 바로 에녹에 관한 소개이다. 일단 에녹의 수명은 365세로 다른 사람들에 비해 절반밖에 되지 않는다. 하지만 성경은 에녹이 하나님과 동행한 사람이었다고 두 번이나 반복해 강조한다(창 5:22, 24). 그리고 하나님은 하나님과 동행했던 에녹을 세상으로부터 그냥 데려가신다.

데려갔다고 번역된 히브리어 '라카흐'(לָקַח)는 '받아들이다, 취하다, 택하다'라는 의미가 있다. 그래서 영문 번역에서도 'God took him: ESV'이라고 번역되어 있다. 히브리서 기자는 하나님께서 에녹을 옮겨놓으심으로 에녹이 죽음을 보지 않고 옮겨졌다고 기록한다(히 11:5). 즉 에녹은 세상에 자신의 시체를 남기지 않고 사라져 버린 것이다. 그렇다면 에녹은 부활한 것일까?

인생의 마지막을 에녹과 비슷하게 맞이한 사람이 또 있다. 열왕기하 2장 10~11절을 보면, 하나님이 엘리야 선지자를 데려가시는 모습이 나온다. 엘리야 선지자와 그의 제자 엘리사가 길을 가면서 대화를 할 때에 갑자기 불말들이 끄는 불수레가 나타난다. 그리고 구약성경에서 하나님의 임재를 상징하는 회오리바람이 엘리야를 하늘로 데려간다. 여기서 주목할 사실은 엘리야 선지자는 이것을 이미 알고 있었다는 것이다.

엘리야 선지자는 하나님께서 자신을 특별한 방법으로 데려갈 것을 알고, 엘리사에게 "데려가시는 것"(לָקַח; 왕하 2:10)에 대해 미리 이야기를 하였다. 하나님께서는 에녹을 데려가신 것처럼 엘리야도 데려가셨다. 성경은 하나님께서 에녹을 데려가셨다는 표현과 엘리야를 데려가셨다는 표현에 동일한 단어, 히브리어 동사 라카흐(לָקַח)를 사용했다. 그렇다면 엘리야도 부활한 것일까?

결론부터 말하자면, 에녹이나 엘리야도 부활한 것은 아니다. 앞서 소생과 부활을 구분했던 것처럼 하나님의 데려가심(라카흐)도 부활과 구분해야 한다. 에녹과 엘리야는 하나님의 데려가심이라는 아주 특별한 은총을 덧입었지만, 그들이 부활한 것은 아니다. 이미 눈치챘겠지만, 부활이라고 말하려면 몇 가지 충족 요건이 필요하다.

첫째, 죽음을 경험해야 한다. 둘째, 하나님께서 다시 살려주셔야 한다. 셋째, 부활 후에는 영원히 살아야 한다. 넷째, 완전히 새로운 몸으로 변화되어야 한다. 이러한 부활의 충족 요건으로 볼 때, 에녹이나 엘리야는 하나님의 데려가심을 입어서 영원히 살 수 있는 존재가 되긴 했지만 아직 그들의 몸은 완전히 새로운 몸으로 변화되지는 않았다.

그렇다면 하나님께서는 에녹과 엘리야를 어디로 데려가셨

을까? 여기에 대해서는 다양한 답이 나올 수 있다. 예수님께서 십자가상에서 소개하신 낙원(눅 23:43)일 수도 있고 아니면 예수님께서 제자들에게 소개하신 하나님 아버지 집에 거할 곳, 즉 거처(요 14:2)일 수도 있다. 또는 바울이 경험했던 셋째 하늘(고후 12:2)일 수도 있다. 표현이야 어떠하든 에녹과 엘리야는 지금 그곳에서 잠을 자듯이(막 5:39; 살전 4:13) 안식하며 예수님께서 세상에 다시 오시는 재림의 날, 마지막 날을 간절히 기다리고 있다. 예수님께서 재림하시는 날에서야 비로소 에녹과 엘리야의 몸이 완전히 새롭게 창조될 것이기 때문이다.

에녹과 엘리야는 다른 사람들과 다르게 죽음을 경험하지 않은 채 낙원에 갔다. 하지만 그 결과는 다른 사람과 다르지 않다. 아브라함이나 모세는 죽음을 경험했을 뿐이고, 에녹과 엘리야는 죽음을 경험하지 않았을 뿐이다. 차이는 그것밖에 없다. 그들은 모두 하나님의 예비하신 장소에서 마지막 날을 기다리고 있다. 그리고 마지막 날에 비로소 부활하게 될 것이다.

앞서 살펴보았듯이, 하나님께서 소생시키신 일곱 명의 사람이나 하나님께서 데려가신 에녹과 엘리야는 엄밀한 의미에서 부활한 것이 아니다. 그렇다면 이 세상에 존재했던 사람들 중에 부활한 사람은 누가 있을까? 바로 예수님 한 분뿐이다. 예수님만이 부활을 경험한 부활의 첫 열매가 되신다. 완전한 인간이 되신 예수님께서는 완전한 육체적 죽음을 경험하셨다. 그리고 하나님의 살리심에 의해 다시 살아나셨다. 그 살아나심은 단순한 소생이 아닌 영원히 죽지 않을 몸으로 살아나셨고, 이전과는 완전히 다른 새로운 몸으로 재창조되셨다.

■ 성경이 말하는 부활의 충족 요건

충족 요건	소생	데려가심	예수님의 부활
육체적 죽음	○		○
하나님의 살리심	○		○
영원히 죽지 않는 몸		○	○
완전히 새로운 몸			○

3. 부활의 어원적 의미

다음 장에서는 예수님의 부활에 대해서 정리할 것이다. 하지만 다음 장으로 넘어가기 전, 부활의 어원적 의미를 먼저 정리하는 게 좋을 듯하다.

우선 '부활'이라는 두 글자는 한자어이다. 한자어에는 음훈(音訓), 즉 글자의 소리와 뜻이 있다. 부(復)는 '다시'라는 뜻이 있고, 활(活)은 '살다'라는 뜻이 있다. 두 글자의 뜻을 합치면 '다시 살아나다'는 의미를 가진다. 부활이라는 표현은 주로 신약성경에 나오고 구약성경에는 드물다. 신약성경은 고대 헬라어(Ancient Greek)로 기록되어 있다. 고대 헬라어는 고대 그리스인들이 사용하던 언어인데, 1세기 당시 로마제국이 지배하고 있던 많은 지역이 고대 헬라어를 사용하고 있었다. 그래서 로마제국은 고대 헬라어를 제국의 공용어로 사용했고, 신약성경 역시 고대 헬라어로 쓰여지게 되었다.

부활 또는 다시 살다로 번역된 헬라어 원문은 '아나스타시스'(ἀνάστασις)이다. '아나'(ἀνά)라는 접두어와 '히스떼미'(ἴστημι)라는 동사가 합쳐진 단어이다. '아나'는 다시(again) 또는 위(up)라는 뜻이 있고, '히스떼미'는 세우다 또는 서다(stand)라는 뜻이 있다. 아나스타시스는 일반적으로 사람이 앉아 있다가 일어나는 것을 의미한다. 예를 들면 회의 도중에 침묵하고 있다가 무언가를 발언하기 위해 자리에서 일어나는 것, 엎드린 자세로 기도하다가 일어나는 것, 새로운 왕이 일어나 왕좌에 오른 것 등이다. 아나스타시스의 일반적인 용법은 앉아 있다가 일어나는 것(stand up)이다.

하지만 신약성경에 나오는 아나스타시스는 대부분 죽었다가 영원한, 더불어 새로운 몸으로 다시 살아나는 것(stand again)으로 사용되었다. 즉 죽었다가 다시 살아나신 예수님의 부활과 마지막 날에 죽었던 모든 사람이 부활하는 것을 표현하는 데 사용되었다. 그래서 영어 번역도 '다시'라는 뜻의 접두어 're'가 붙어 있는 레져렉션(resurrection: 부활)을 사용한다. 또한 아나스타시스와 함께 부활을 설명하는 데 사용된 고대 헬라어는 '에게이로'(ἐγείρω)가 종종 사용되었다. 에게이로가 사용된 대표적인 용례는 예수님께서 부활을 예고하시는 표현에 사용되었다(제삼일에 살아나리라; 마 16:21, 17:9, 17:23).

다시 살아나다			
한 문 :	부(復) + 활(活)	=	부활(復活)
헬라어 :	아나(ἀνά) + 히스떼미(ἵστημι)	=	아나스타시스(ἀνάστασις)
영 문 :	re + surrection	=	레져렉션(resurrection)

4. 부활의 3가지 시점

성경이 말하는 부활의 개념과 함께 알아두어야 할 것이 있다. 성경이 말하는 부활은 주로 3가지로 구분될 수 있는데, 과거-현재-미래라는 3가지 시제에 따라 부활을 살펴보아야 한다.

■ **3가지 시점의 부활**

- **과거의 부활**
  예수님의 부활
- **현재의 부활**
  예수님의 부활의 효력을 누리고 미래의 부활을 이루어감
- **미래의 부활**
  모든 사람의 부활

첫 번째 시점의 부활은 '과거의 부활'이다. 성경은 지금으로부터 2천 년 전에 예수님께서 역사적으로 부활하셨다고 전한다. 예수님께서는 예루살렘의 골고다 언덕에서 십자가에 달리신 지 6시간 만에 완전히 돌아가셨다. 그리고 예수님의 시체는 안식일이 되기 전 3~4시간 동안에 급하게 수습되었다. 안식일은 금요일 해가 지면서부터 시작되기 때문이다. 수습된 예수님의 시체는 사형장 근처의 동산에 있던 돌무덤에 안치되었다. 그후 예수님께서는 장사된 지 3일째 되는 일요일 새벽에 다시 살아나셨다. 예수님께서는 이전의 몸이 아닌 새롭고 신령한 몸으로 부활하셨다. 특히, 예수님의 부활은 우연히 일어난 사건이 아니라는 것에 주목해야 한다. 이미 오래 전에 기록된 구약성경이 예수님의 부활을 예언하였다. 그리고 예수님도 살아계실 때에 이미 당신이 부활할 것을 여러 번 예고하셨다. 예수님께서는 구약성경대로 그리고 자신이 예고한 대로 부활하셨다. 예수님의 부활은 세종대왕이 한글을 만든 것과 같은 역사적인 사건이다. 예수님의 부활은 이순신 장군이 일본을 무찌른 것과 같은 역사적인 사실(fact)이다. 특히 예수님의 부활을 목격했던 수많은 목격자들이 존재했고, 그들이 기록한 증거물들도 많다.

두 번째 시점의 부활은 '미래의 부활'이다. 성경은 미래의 어느 시점이 되면 모든 사람이 부활하게 될 것이라고 말씀한다. 모든 사람이란 최초의 인간 아담으로부터 시작하여 예수님께서 재림할 때까지 이 세상에 존재했던 모든 사람을 말한다. 세상에서 1초를 산 사람이든, 므두셀라처럼 969세를 산 사람이든 모든 사람이 부활하게 될 것이다. 의인이든, 악인이든 상관없이 모든 사람이 부활하게 된다. 성경은 그 날을 마지막 날이라고 부르며, 그 날에 예수님께서 다시 오실 거라고 말씀한다. 하나님께서는 이미 구약성경에서부터 모든 사람이 부활할 것을 말씀하셨다. 그리고 예수님도 의인과 악인의 부활에 대해 매우 명료하게 말씀하셨다. 예수님의 말씀을 들었던 사도들 역시 모든 사람의 부활을 말했다. 특히, 예수님을 믿은 사람들은 부활하신 예수님처럼 홀연히 변화되어 신령한 몸으로 부활할 것이라고 말이다.

세 번째 시점의 부활은 '현재의 부활'이다. 그리스도인은 과거의 부활인 예수님의 부활과 미래의 부활인 모든 사람의 부활 사이에서 살고 있다. 그리스도인은 과거에 예수님께서 십자가와 부활로 완성하신 구원의 효력과 혜택을 누리고 있다. 더불어 미래에 다가올 자신의 부활을 소망한다. 그리고 현재의 고난을 이겨낸다. 그리스도인은 과거의 부활을 덧입고, 미래의 부활을 소망하며, 현재 안에서 부활의 능력을 맛보며 전하는 사람들이다.

다음 장에서부터는 성경이 말씀하고 있는 이 3가지 시점의 부활을 순서대로 하나씩 살펴보고자 한다.

2장
예수님의 부활

부활에 대해서 알고 싶다면, 예수님의 부활에 대해 관심을 갖는 것이 먼저일 것이다. 예수님의 부활은 구약성경에서 이미 예언된 역사적 사건이었다. 그리고 예수님도 제자들에게 여러 차례 부활을 예고하셨다. 심지어 유대교 지도자들에게 은유적으로 표현하셨다. 예수님께서는 성경대로, 예고하신 대로 부활하신 것이다. 시간과 공간 속에서 완전히 죽으셨다가 완전히 다시 살아나셨다. 부활하신 예수님의 몸은 부활 이전과는 완전히 다른 차원의 몸이었다. 이는 장차 성도들이 세상의 마지막 날에 입게 될 몸을 미리 보여주신 것이다. 하지만 이러한 역사적 사실(fact)이 허구이며 가짜라고 주장하는 가짜 뉴스들이 많이 생겨났다.

1. 구약성경의 부활 예언

사도 바울은 고린도 교회 성도들에게 예수님의 부활에 대해 다음과 같이 증언하였다.

> "<u>성경대로</u> 그리스도께서 우리 죄를 위하여 죽으시고 장사 지낸 바 되셨다가 <u>성경대로</u> 사흘 만에 다시 살아나사"(고전 15:3~4)

사도 바울은 "성경대로"라는 표현을 두 번이나 반복하면서 강조했다. "성경대로"는 헬라어로 'κατὰ τὰς γραφάς'(까따 따스 그라파스)이다. 직역하면, '성경에 따라서, 성경과 일치하여, 성경에 기록된 대로'라는 뜻이다. 바울이 말한 성경은 구약성경을 의미한다. 고린도전서가 기록될 당시에는 아직 27권의 신약성경이 완성되지 않았기 때문이다. 사도 바울은 구약성경이 그리스도의 부활을 예언했고, 예수님께서는 구약성경의 예언대로 부활하셨다고 전한 것이다. 그리스도의 부활을 예언한 가장 대표적인 구약성경의 말씀은 시편 16편 10절이다.

"이는 주께서 내 영혼을 스올에 버리지 아니하시며
주의 거룩한 자를 멸망시키지 않으실 것임이니이
다"(시 16:10)

1세기 초대 교회의 성도들은 예수님의 부활을 전할 때 이 말씀을 자주 인용하였다. 우리가 잘 알고 있는 베드로와 바울의 설교에도 이 말씀이 인용된다. 구약성경에 익숙한 유대인들에게 맞춤식 전도를 하였던 것이다.

베드로는 오순절에 예루살렘의 유대인들에게 복음을 전했다. 요엘 2장을 인용하면서 오순절 성령강림 사건을 설명했고, 시편 16편 8~11절을 인용하면서 예수님의 십자가와 부활을 설명했다. 베드로의 설명대로 시편 16편은 다윗 개인의 감정을 담아낸 시가 아닌, 다윗이 그리스도의 입장에 서서 그리스도의 마음을 대신해 노래한 선지자적인 예언시이다. 그래서 베드로가 다윗을 선지자라고 지칭하는 것이다(행 2:30). 특히, 10절은 예수님의 부활을 직접적으로 예언한 부분이다. 즉 하나님(주)께서 그리스도의 영혼(내 영혼)을 죽음의 상태(스올)로 버려두지 않을 것이며, 하나님께서 거룩하게 구별하여 세운 그리스도를 멸망당하도록 내버려 두지 않을 것이라는 뜻이다.

베드로뿐만 아니라 사도 바울도 구약성경에 익숙한 유대인을 대상으로 설교할 때에는 말씀을 많이 인용했다. 특히 비시디아 안디옥 교회에서 설교할 때, 예수님의 부활은 "주의 거룩한 자로 썩음을 당하지 않게 하시리라"(행 13:35)고 하면서 시편의 예언이 성취된 것이라고 전했다.

시편 16편 10절 외에도 시편 110편은 주로 그리스도의 부활과 승천을 예언한 시로 인용된다. 예수님께서 유대인의 날짜 계산법에 의해 사흘 만에 부활한 것에 대해서는 요나 선지자의 물고기 뱃속 체험과 연관된다(욘 1:17).

2. 예수님의 부활 예고(豫告)

예수님께서 인간의 몸을 입고 이 땅에 오신 이유는 메시야[1] 사역 때문이었다. 메시야 사역이란 십자가와 부활을 의미한다. 예수님의 메시야 사역은 결코 즉흥적이거나 임시방편적인 것이 아니었다. 예수님께서 십자가에서 죽으시고 부활하시는 사역은 아주 오래 전부터 계획되어 있었다. 그리고 그것은 하나님의 시간표에 의해 실행되었고, 당신을 믿고 따르던 제자들에게 숨기지 않고 예고해 주셨다.

1) 첫 번째 예고

예수님께서는 예루살렘으로 올라가 그리스도의 사역을 감당해야 될 때가 되었음을 아셨다. 그래서 갈릴리에서의 사역을 마무리하고 예루살렘을 향해 출발하셨다. 이때 예수님께서는 그리스도 사역에 대한 계획을 제자들에게 알리셨다. 이 내용은 마태복음 16장 21절에 잘 요약되어 있다.

> "이 때로부터 예수 그리스도께서 자기가 예루살렘에 올라가 장로들과 대제사장들과 서기관들에게 많은 고난을 받고 죽임을 당하고 제삼일에 살아나야 할 것을 제자들에게 비로소 나타내시니"(마 16:21)

예수님께서 예루살렘에서 감당하실 메시야 사역의 첫 번째 단계는 예루살렘에 올라가는 것이었다. 두 번째 단계는 장로들과 대제세장들과 서기관들에게 많은 고난을 받는 것이었고, 세 번째 단계는 십자가에서 죽임을 당하는 것이었다. 그리고 마지막 단계는 제삼일에 살아나는 것이었다. 즉 메시야 사역은 예루살렘으로 올라가는 것으로부터 시작해 부활하는 것으로 마무리되는 사역이었다.

하지만 예수님의 이러한 예고는 제자들의 희망에 찬물을 끼얹는 것이었다. 왜냐하면 제자들은 예수님께서 정치-군사적 메시야가 되어주길 희망했기 때문이다. 그들은 예수님께서 예루살렘으로 올라가셔서 정치-군사적 메시야가 되면 자신들은 예수 정부의 요직에 올라가는, 한마디로 인생역전을 꿈꾸고 있었다. 하지만 예수님은 정치-군사적 메시야와는 정반대의 메시야를 말씀하고 계셨다. 그래서 제자들은 예수님께서 말씀하는 수난과 부활에 대한 예고를 귀담아 듣지 않았다. 심지어 베드로와 같은 경우에는 결사항전의 자세로 항변까지 하였다. 제자들은 일부러 예수님의 부활 예고에 귀를 막고 거부했던 것이다.

2) 두 번째 예고

예수님께서는 갈릴리를 떠나 예루살렘으로 출발하시기 전에도 부활을 예고하셨다. 이 예고의 내용은 가이사랴 빌립보 지방에서 하셨던 첫 번째 예고의 내용과 거의 비슷하다.

> "갈릴리에 모일 때에 예수께서 제자들에게 이르시되 인자가 장차 사람들의 손에 넘겨져 죽임을 당하고 제삼일에 살아나리라 하시니 제자들이 매우 근심하더라"(마 17:22~23)

굳이 첫 번째 예고와 두 번째 예고의 차이를 찾자면, "장차 사람들의 손에 넘겨져"라는 부분이 추가된 것이다. 손에 넘겨진다는 것은 가롯 유다의 배신에 의해 예루살렘의 종교지도자들에게 넘겨질 것을 예고하신 것이다. 예수님께서 수난과 부활에 대해 한 번 더 말씀하자, 제자들은 매우 근심하기 시작하였다.

3) 세 번째 예고
예수님 일행이 갈릴리에서 출발하여 예루살렘에 거의 도착할 무렵, 베드로가 뜬금없이 이런 질문을 하였다.

> "보소서 우리가 모든 것을 버리고 주를 따랐사온대
> 그런즉 우리가 무엇을 얻으리이까"(마 19:27)

수제자 베드로의 질문은 예수님을 따르고 있는 모든 사람의 욕망을 대변해 주는 질문이었다. 예수님께서 수난과 부활을 생각하고 계실 때 제자들의 머릿속은 온통 3년 동안 예수님을 따라다닌 것에 대한 보상을 꿈꾸고 있었던 것이다. 참으로 답답한 노릇이었다. 이에 예수님께서는 다시 한 번 더 수난과 부활에 대해 예고하셨다. 세 번째 예고는 첫 번째와 두 번째 예고보다는 훨씬 더 구체적이었다. 세 번째 예고는 마태복음 20장 17~19절에 기록되어 있다.

"예수께서 예루살렘으로 올라가려 하실 때에 열두 제자를 따로 데리시고 길에서 이르시되 보라 우리가 예루살렘으로 올라가노니 인자가 대제사장들과 서기관들에게 넘겨지매 그들이 죽이기로 결의하고 이방인들에게 넘겨 주어 그를 조롱하며 채찍질하며 십자가에 못 박게 할 것이나 제삼일에 살아나리라"

(마 20:17~19)

세 번째 예고는 예수님의 사형 집행 절차가 좀 더 세부적으로 설명되었다. 그리고 유대교 지도자들이 아닌 이방인들이 예수님에게 행할 일들도 기록되었다. 특히 조롱받고 채찍질 당하며 십자가에 못 박힌다는 예고는, 구약성경 이사야 선지자가 예언했던 고난 받는 종의 모습(사 53:3, 5~6, 8~9)과 매우 비슷한 묘사다. 마지막으로, 예수님께서는 "제삼일에 살아나리라"는 부활의 예고도 빠트리지 않으셨다. 이처럼 예수님께서는 부활하실 것을 이미 오래전부터 계획하셨고, 세 번이나 반복해 제자들에게 미리 알려주셨던 역사적 사건이다.

4) 유대교 지도자들에게도 예고하심

심지어 예수님께서는 유대교의 종교지도자들에게도 부활을 예고하셨다. 예수님께서 예루살렘 성전을 청결하게 하신 후 유대인들에게 "너희가 이 성전을 헐라 내가 사흘 동안에 일으키리라"(요 2:19)고 말씀하셨다. 그때 유대인들은 예수님의 암시를 도무지 이해하지 못했다. 하지만 예수님은 성전 된 자기 육체를 십자가 위에서 허무시고 삼일 째 되는 날에 다시 일으킬 것(부활)을 은유적으로 예고하신 것이다. 또한 예수님께서는 서기관과 바리새인 중 몇 사람에게 요나를 인용하면서 부활을 예고하셨다.

> "요나가 밤낮 사흘 동안 큰 물고기 뱃속에 있었던
> 것 같이 인자도 밤낮 사흘 동안 땅 속에 있으리라"
> (마 12:40)

이 예고를 보다 상세하게 살펴보자면, 우선 "인자"(son of man)는 다니엘이 사용했던 메시야 칭호이다. 예수님께서는 인자라는 메시야 칭호를 사용함으로 당신이 메시야임을 드러내셨다. 또한 "밤낮 사흘"은 유대인에게는 완전한 죽음을 뜻하는 표현이었다. 당시 유대인들은 죽은 자의 영혼이 사흘 안에는 자신의 육체로 다시 되돌아 갈 수 있지만 사흘이 지나면 영원히 돌아갈 수 없다고 믿었다. "땅 속"이라고 번역된 헬라어 원문 'τῇ καρδίᾳ τῆς γῆς'(떼 까르디아 떼스 게스)는 직역하면 '땅의 심장부'라는 뜻이다. 땅의 심장부는 죽음의 장소를 뜻하는 스올, 즉 음부를 의미한다. 실제로 요나는 물고기 뱃속에 있을 때 그곳을 마치 스올(땅 속, 음부)처럼 생각했다(욘 2:2). 이런 표현들을 종합해보면, 예수님께서는 서기관과 바리새인들에게 자신이 죽은 후 사흘 동안 음부까지 내려갔다가 다시 부활할 것임을 예고하신 것이다.

더 놀라운 것은, 예루살렘의 대제사장들과 바리새인들도 예수님의 부활 예고에 대해 알고 있었다. 예수님께서 죽으시고 무덤에 장사된 이후에 대제사장들과 바리새인들은 빌라도 총독을 찾아갔다. 그리고 예수님의 무덤에 경비병을 세워줄 것을 공식적으로 요청했다.

> "주여 저 속이던 자가 살아 있을 때에 말하되 내가 사흘 후에 다시 살아나리라 한 것을 우리가 기억하노니"(마 27:63)

예수님의 부활 예고는 열두 제자만 알고 있었던 비밀이었다. 그런데 어떻게 종교지도자들도 알고 있었을까? 아마도 가룟 유다가 은 30에 예수님을 종교지도자들에게 팔아넘길 때, 그들에게 내부 정보를 흘렸을 것으로 추측된다.[2]

3. 역사적 부활

예수님께서는 구약성경에서 예언한 대로 부활하셨다. 또한 예수님께서는 제자들에게 여러 번 예고하신 대로 부활하셨다. 예수님께서는 금요일 오전 9시에 십자가에 달리신 후 6시간 동안 십자가에 매달려 계시다가 오후 3시에 완전히 죽으셨다. 예수님의 시체는 아리마대 요셉과 니고데모 그리고 갈릴리의 여인들에 의해 수습되었다. 예수님의 시체 수습은 매우 급박하게 진행되었다. 왜냐하면 3~4시간 후면 안식일이 시작되기 때문이었다. 예수님의 시체를 수습하는 사람들은 모두 유대인이었고, 유대인은 안식일에 시체를 수습할 수 없었기 때문이다.

예수님의 시체는 만신창이(滿身瘡痍)였다. 등은 로마군병의 무지막지한 채찍질에 의해 살점이 다 뜯겨져 있었고, 머리는 가시관으로 인해 상해 있었으며, 손과 발에는 못자국이 나 있었다. 그리고 옆구리에는 창으로 찔린 자국도 남아 있었다. 이러한 예수님의 시체는 미이라처럼 세마포 천에 의해 감싸졌다. 세마포 천 사이사이에는 방부제 역할을 하는 향품도 뿌려졌다. 하지만 이러한 과정은 매우 급박하게 진행되었고, 결국 예수님의 시신은 골고다 언덕 근처의 동산에 마련된 아리마대 요셉 소유의 돌무덤에 안치되었다.

예수님의 시체는 안식일이 시작되는 금요일 해지기 바로 전에 안치되고, 무덤 입구를 막는 돌이 굴려졌다. 예루살렘은 금요일 내내 시끌시끌했다. 만약 2천 년 전에 요즘과 같이 인터넷이 발달해 있었다면, 예수님의 십자가 처형은 단연 검색어 순위 1위를 기록했을 것이다. 예수님의 시체는 무덤 안에서 금요일 밤과 안식일인 토요일을 모두 보냈다. 그리고 안식일이 끝나는 일요일 새벽, 해가 뜨기 전에 예수님께서는 부활하셨다.

우리는 무덤 안에 계셨던 예수님에 대해서 더 이상 알 수 없다. 왜냐하면 무덤 안에 계신 예수님에 대해 가장 확실한 사실을 알려줄 수 있는 성경이 침묵하고 있기 때문이다. 성경이 침묵하면 우리도 침묵해야 한다. 다만, 우리는 돌아가신 지 사흘째 되는 날에 완전히 새롭게 창조되어 부활하신 예수님만을 볼 수 있을 뿐이다.

4. 부활체

부활하신 예수님께서는 곧장 하늘로 올라가지 않으셨다. 부활하신 예수님께서는 40일 동안 부활하신 몸(이하 부활체; 復活體)으로 이 땅에 머무셨다. 예수님의 부활체는 1장에서 살펴본 것처럼 소생한 것이 아니다. 부활체는 부활 이전과 이후가 똑같은 몸이 아니다. 부활 이전과는 180도 다른 차원의 몸을 말한다. 성경은 예수님의 부활체가 부활 이전과 달랐다는 것을 다양한 각도에서 조명하고 있다.

1) 부활 이전과 같은 점

우선 예수님의 부활체가 부활 이전과 동일했던 점을 정리해 보자.

첫째, 예수님의 부활체는 부활 이전처럼 음식을 잡수실 수 있었다. 예수님께서는 엠마오에서 그 마을 출신 두 제자와 함께 저녁 식사를 하셨다(눅 24:30). 또한 예수님께서는 열한 제자를 찾아 가셨을 때, "여기 무슨 먹을 것이 있느냐"고 물어보신 후에 그 앞에서 구운 생선 한 토막을 잡수셨다(눅 24:41~43).

둘째, 예수님의 부활체는 부활 이전처럼 사람의 눈으로 보고 손으로도 만질 수 있는 몸이었다. 수많은 목격자들은 자신의 눈으로 예수님의 부활체를 볼 수 있었다. 또한 목격자 중 어떤 이들은 예수님의 부활체를 만져보기도 하였다. 무덤을 찾아간 여인들은 예수님의 발을 붙잡고 경배했다(마 28:9). 예수님께서는 제자들에게 살과 뼈가 있는 예수님의 손과 발을 보여 주셨고 만져보라고 하셨지만, 제자들은 너무나 기쁜 나머지 놀랍게만 여겼다(눅 24:39~41). 심지어 예수님께서는 의심하는 도마에게 손의 못자국에 손가락을 넣어 보고 옆구리에 손을 넣어 보라고 하셨다(요 20:27). 성경에는 도마가 자신의 손가락과 손을 넣어 보았다는 기록은 없지만, 예수님의 부활체가 사람의 손으로 만져 볼 수 있는 살과 뼈가 있는 물리적인 몸이었다는 것이 사실임을 증명한다. 하지만 예수님께서 부활하신 후에도 식사를 하고 손과 발에 못자국이 남겨진 듯 보이신 것은, 순전히 제자들의 믿음을 위한 조치였을 뿐이다.

2) 부활 이전과 다른 점

예수님의 부활체가 부활 이전과 비교했을 때 달라진 점은 무엇인지 살펴보자.

첫째, 예수님의 부활체는 시간과 공간의 제약을 받지 않았다. 예수님께서는 제자들이 모여 있는 집에 문들이 모두 닫혀 있었음에도 자유롭게 들어오고 나가셨다. 제자들에게 찾아오실 때마다 문을 열고 들어오신 것이 아니라 마치 벽을 통과하듯이 들어오고 나가셨다(요 20:19, 26). 심지어 순간적으로 공간과 공간 사이를 빠르게 이동할 수도 있었다.

둘째, 예수님의 얼굴과 몸의 모습은 제자들이 알아보기 힘들 정도로 변형되셨다. 막달라 마리아는 부활하셔서 변형되신 예수님을 만나 대화까지 했지만, 처음에는 예수님인 줄 몰랐다. 오히려 예수님을 동산지기로 착각하였다(요 20:14). 그녀는 자신의 이름을 부르는 예수님의 목소리를 듣고서야 비로소 그가 예수님이라는 것을 알았다. 뿐만 아니라 부활하신 예수님께서는 필요하시면 자신의 부활체를 사람들의 눈에 갑자기 보이지 않도록 하실 수도 있었다. 예수님께서는 실제로 엠마오의 두 제자와 대화를 모두 마치신 후에 그 자리에서 갑자기 사라지셨다(눅 24:31). 예수님의 변형된 부활체는 부활 이전에도 이미 베드로와 야고보 그리고 요한에게 맛보기로 보여주신 적이 있다. 예수님께서는 세 명의 제자들을 데리고 높은 산에 올라가신 후 그곳에서 변형되셨는데, 예수님의 얼굴은 해같이 빛났으며 옷은 빛과 같이 희어졌다. 그 모습은 예수님이 부활하신 이후의 모습을 미리 보여주신 것이었다(마 17:2, 9).

셋째, 예수님의 부활체는 더 이상 죽지 않고 영원히 살아 있는 몸이었다. 부활하신 예수님께서는 밧모 섬에 있던 사도 요한에게 자신을 다음과 같이 소개하셨다.

"두려워하지 말라 나는 처음이요 마지막이니 곧 살아 있는 자라 내가 전에 죽었었노라 볼지어다 이제 세세토록 살아 있어 사망과 음부의 열쇠를 가졌노니"(계 1:17~18)

예수님께서는 스스로를 이전에는 죽음을 경험했지만 이제

는 세세토록 살아 있는 존재로 부활하셨다고 소개한다. 여기서 "세세토록"이란 '영원무궁하도록, 영원히'(forevermore: ESV)라는 뜻이다. 예수님께서는 더 이상 죽음을 경험하지 않는, 영원히 살아 있는 몸이 되신 것이다.

지금까지 살펴본 예수님의 부활체에 대한 묘사는, 부활하신 예수님의 대략적인 특징만 묘사한 것이다. 예수님의 부활체는 우리가 이해할 수도, 상상할 수도 없는 신비로운 모습일 것이다. 시간과 공간 안에 갇혀 있는 우리가 시공을 초월하는 몸을 어찌 이해할 수 있겠는가! 있는 듯 없고, 없는 듯 있는 그 신비로운 부활체를 우리가 어떻게 이해할 수 있겠는가! 한계가 있는 우리 인간은 무한하고 영원하신 부활체를 진정으로 이해하기란 어렵다.

5. 누구의 능력으로

'예수님께서는 누구의 능력으로 부활하신 것일까?' 성경을 읽다 보면 종종 이런 의문이 들 때가 있다. 어떤 본문에서는 예수님 스스로의 능력으로 부활하셨다고 말씀하고, 어떤 본문에서는 하나님께서 예수님을 부활시키셨다고 전하기 때문이다.

예를 들면, 사도행전 안에서도 하나님께서 예수님을 부활시키셨다는 본문(행 3:15, 4:10, 5:30, 10:40, 13:30, 13:37)과 예수님께서 스스로의 능력으로 다시 살아나셨다는 본문(행 1:22, 2:31, 4:33, 17:18)이 혼용되어 사용된다. 심지어 같은 사람이 서로 다른 두 의견을 혼용해 사용하고 있다.

베드로는 120명의 성도들 앞에서는 예수님께서 스스로의 능력으로, 능동적으로 부활하셨다고 설교했다(행 1:22). 하지만 그가 산헤드린 공의회에서 변론할 때에는 하나님께서 죽은 자 가운데서 예수님을 살리셨다고 말한다(행 4:10). 어떻게 생각하면 이런 충돌은 지극히 정상적인 것이다. 예수님께서 성자 하나님이시기 때문이다.

성부 하나님께서는 천지를 창조하셨던 것처럼 예수님을 새롭게 창조하셨다. 예수님의 부활은 하나님께서 하나님의 능력으로 행하신 하나님의 활동이다. 동시에 부활은 예수님께서 스스로 살아나신 활동이다. 예수님께서는 부활 이전에도 하나님과 하나 되셔서 하나님의 일을 하셨다. 그리고 부활 때에도, 그 후에도 하나님과 함께 일하시는 성자 예수님이다.

6. 예수님의 부활을 부정하는 주장들

예수님의 부활을 인정하지 않는 주장들은 예수님께서 죽기 전부터 21세기인 오늘날까지도 계속해서 생겨나고 있다. 그 주장들은 나름대로의 근거로 예수님의 부활이 역사적 사실이 아님을 증명해 내려고 애쓴다. 예수님의 부활을 부정하는 주장들을 몇 가지 살펴보자.

1) 도둑설(The Stolen Body Theory)

도둑설은 예수님의 제자들이 무덤에 있는 예수님의 시체를 도둑질해서 다른 무덤에 옮겨놓은 후, 사람들에게는 예수님께서 부활했다고 거짓말을 하고 다닌다는 주장이다. 도둑설이라는 가짜 뉴스를 만들어낸 장본인은 대제사장들과 바리새인들이다. 그들은 안식일임에도 불구하고 빌라도를 찾아갔다. 그리고 도둑설을 근거로 예수님의 무덤을 경비할 로마군병을 요구했다. 빌라도는 경비병을 보냈고, 그들은 무덤에 인봉까지 했다(마 27:62~66). 원래 무덤 인봉은 안식일 규례가 금지하는 조항이었다. 안식일 규례는 바리새인들이 생명보다 귀하게 여기는 것이었지만, 그럼에도 그들은 예수님의 무덤 인봉을 강행하였다. 이는 예수님의 부활이 내심 두려웠던 그들의 본심을 드러내는 장면이다.

하지만 예수님의 부활은 실제로 일어났고, 그들이 세워 놓았던 경비병은 오히려 부활의 목격자가 되었다. 그러자 대제사장들과 바리새인들은 황급히 많은 돈으로 경비병들의 입을 막았다(마 28:11~15). 그리고 그들이 사전에 만들어 놓았던 도둑설을 유대인 대중 가운데 퍼트렸다. 실제로 도둑설은 초대 교회를 끊임없이 괴롭히며 공격했다. 그리고 2세기 중반까지 유대인들이 예수님의 부활을 부정하는 강력한 근거가 되었다.[3] 하지만 우리는 도둑설이 돈과 권력으로 만들어진 가짜 뉴스라는 것을 알고 있다.

2) 기절설(The Swoon Theory)

기절설은 18세기 합리론자들의 주장이다. 예수님께서 십자가 위에서 극심한 출혈과 고통으로 인해 기절하셨는데, 로마 군병이 기절한 예수님이 죽은 것으로 잘못 판단했다는 주장이다. 또한 십자가 아래에서 로마 병사가 찌른 창도 정곡을 빗나가 외상을 남겼을 정도라고 말한다. 더 기막힌 것은 기절한 예수님께서 장사된 후 몇 시간 동안 시원한 바위 무덤 속에서 휴식을 취하니 원기가 회복되어 다시 일어날 수 있게 되었다는 것이다. 기절설은 예수님의 부활을 부정하려다가 예수님의 죽음까지 부정해 버리는 어이없는 가짜 뉴스다.

기절설을 주장하는 사람들은 빌라도 총독의 의문에서 기절설의 근거를 찾는다. 빌라도 총독은 예수님이 죽었다는 보고를 받고 "벌써 죽었을까"(막 15:44)라는 의문을 품었다. 이 의문은 예수님이 십자가에 달린 지 6시간 만에 죽은 것에 대한 의문이었다. 빌라도 총독은 이런 의문을 품을 만도 했다. 왜냐하면 당시 십자가의 사형수들이 죽지 않은 채로 내려오는 경우가 많았기 때문이다. 그래서 로마 군인들은 반드시 십자가에서 내려 온 사형수의 다리를 꺾는 절차를 진행하였다.

하지만 로마 군인들은 예수님의 다리를 꺾을 필요가 없었다. 예수님께서는 이미 십자가 위에서 완전히 죽으셨기 때문이다(요 19:33). 예수님은 십자가에 달리기 전 이미 탈진한 상태였다. 극심한 채찍질을 당하시고, 십자가를 지고 골고다 언덕에 오르셨기 때문이다. 그로 인해 예수님께서는 십자가에 오르신 지 6시간 만에 돌아가셨고, 한 군병은 예수님의 사망을 진단하기 위해 창으로 옆구리를 찔러보기까지 했다(요 19:34). 그때 예수님의 옆구리에서 물과 피가 나온 것에 대해서 의학적 죽음의 근거로 보는 학자들도 있다. 어쨌든 기절설은 예수님의 부활을 부정하기에 근거가 너무나 희박해 보인다.

3) 환상설(The Vision Theory)

환상설은 예수님의 제자들이 돌아가신 예수님을 다시 보고 싶어 하는 그리움이 너무나 커서, 예수님의 환상을 보게 된 것이라는 주장이다. 환상설을 주장하는 사람들은 예수님의 부활은 실제로 일어나지 않았지만, 제자 중에 감수성이 예민하고 공상을 잘하는 몇몇이 밤이나 새벽에 예수님의 망상을 보거나 환청을 들은 것이라고 말한다.

하지만 성경에 의하면 몇몇 사람만 예수님의 부활을 목격한 것이 아니라 120명, 500명 등의 집단이 부활하신 예수님을 목격했다. 개인의 환상이나 환청은 가능하지만, 수백 명이 동시에 같은 장소에서 똑같은 환상을 본다는 것은 불가능하다.

4) 실존적 부활론(Existential Resurrection)

루돌프 불트만(Rudolf Bultmann)과 같은 학자들의 주장이다. 예수님의 역사적 부활은 자연과학적으로 증명할 수도 없고, 반드시 역사적 사건으로 결부시켜서 증명할 필요도 없다는 주장이다. 부활은 사실이냐 거짓이냐가 중요한 것이 아닌 신자의 마음에서 부활하는 것이 중요하다는 것이다. 불트만에 따르면 예수님께서 부활했어도 내가 믿지 않으면 부활은 없는 것이고, 반대로 예수님께서 부활하지 않았어도 내가 부활했다고 믿으면 부활한 것이라는 주장이다. 외적인 역사성이 중요한 것이 아닌 내적인 문제가 중요하다고 본 것이다. 이는 일종의 '주관적 환상설'이라 할 수 있다. 마치 석가모니나 공자가 그들이 죽은 이후에도 사람들에게 보이지 않는 영향력을 미치고 있는 것처럼, 사람들의 마음속에 좋은 영향력으로 살아서 역사하면 그것이 부활이라는 것이다.

특히, 실존적 부활론자들은 창조 기사나 부활 기사를 자연과학적으로 증명할 수 없는 비과학적인 신화라고 생각한다. 그러면서 1세기 성경기록자들은 신화라는 형식에 믿음이라는 내용을 담을 수밖에 없었다고 주장한다. 왜냐하면 그들은 20세기 이후에 발전된 자연과학을 몰랐기 때문에 어쩔 수 없이 신화라는 그릇에 기독교라는 종교를 담을 수밖에 없었다는 것이다. 따라서 부활 이야기는 비록 자연과학에 무지했던 1세기 사람들의 상상력으로 만들어낸 초자연적인 이야기지만, 그것이 우리의 믿음을 증진시켰다면 그것으로 만족해야 한다는 것이다.

실존적 부활론은 매우 그럴듯해 보인다. 하지만 우리는 독일의 현상학자 훗설의 지적에 귀를 기울일 필요가 있다. 훗설은 자연과학 자체를 너무 지나치게 과신하는 것도 미신이라고 했다. 21세기에 들어서면서 양자물리학에서는 전통적인 물리 법칙을 뛰어넘는 초자연법칙이 있다는 것을 증명해내고 있다. 즉 우주가 자연법칙으로만 존재하는 것이 아니라는 것이다. 실존적 부활론은 훗설이 지적한 자연과학의 미신에 빠져서 예수님의 부활을 바로 보지 못하는 것이 아닐까?

5) 그 밖의 주장들

예수님의 부활을 부정하는 추측은 도둑설, 기절설, 환상설, 실존적 부활론 외에도 다양하다.

'실수설'은 갈릴리의 여인들이 일요일 새벽에 예수님의 무덤을 찾아갔는데, 그만 실수로 다른 무덤을 찾아갔다는 주장이다. 공교롭게도 여인들이 실수로 찾아간 무덤은 아직 장례식을 치루지 않은 비어 있는 무덤이었는데, 이것을 예수님께서 부활하신 것으로 오해했다는 것이다.

'영혼 부활설'은 영지주의자들의 주장이다. 영지주의자들은 예수님의 영혼만 부활하고, 예수님의 몸은 부활하지 않았다는 주장이다.

'공동묘지론'(Common pit grave theory)은 예수님의 시신은 공동묘지에 안치되었는데, 나중에 제자들이 예수님의 묘지를 찾으려 했지만 알 수 없음으로 그냥 예수님께서 부활한 것이라고 주장했다는 억측이다.

'날조된 전설론'(Legend theory)은 역사비평가들의 주장으로, 예수님의 제자들이 지도자 사후 영웅화 작업에 따라 예수님의 부활이라는 전설을 만들어 냈다는 주장이다. 심지어 예수님께서 쌍둥이였다는 '쌍둥이론'까지 있다.

최근에는 '유월절 음모론'(Passover plot theory)이 유행한다. 음모론이란 예수님께서 제자들과 짜고 유월절에 맞춰 고난당하는 여호와의 종이 되려고 했다는 것이다. 음모론의 근거는 최근 발표된 「유다복음서」이다. 가룟 유다의 배반, 금요일 처형 유도, 내가 목마르다라는 신호, 예수님의 거짓 기절, 거기에 로마 병사와 아리마데 요셉까지 아주 치밀하게 조작된 사건이라는 것이다. 음모론에 의하면, 예수님께서는 죽지도 않았고 부활하지도 않았으며 무덤에서 걸어나와 막달라 마리아와 결혼하여 살았다고 주장한다.

6) 예수님의 부활이 가짜 뉴스라면

지금까지 살펴본 주장들이 진짜라면, 즉 예수님의 부활이 역사적인 사건이 아니라 가짜 뉴스라면 기독교는 세계 역사상 그 유래를 찾아볼 수 없는 가장 큰 사기꾼이 되는 것이다. 2천 년 동안 예수님의 부활을 역사적인 사실로 믿었던 수억 명의 사람들을 모두 속였으니 말이다. 또한 예수님의 부활이 가짜 뉴스라면, 예수님이 돌아가신 후 40년 동안 부활을 증언하다가 순교를 당한 수많은 순교자들도 매우 불쌍한 사람들이 된다. 가짜 뉴스를 위해 아까운 목숨을 허무하게 바쳤으니 말이다. 그리고 21세기 최첨단 과학시대에 예수님의 부활이 역사적 사실임을 믿고 있는 우리도 바보가 된다. 우리가 바보가 되기 때문에 예수님의 부활이 역사적 사실이라고 억지를 부리는 것은 아니다. 왜냐하면 성경에는 예수님의 부활이 역사적인 사실이었다는 증거들이 차고 넘치기 때문이다.

다음 장에서는 예수님의 부활을 목격한 수많은 목격자들을 만나보자.

3장

부활의 목격자들

운전을 하다 보면 가끔 '목격자를 찾습니다'라는 현수막을 보게 된다. 그 현수막에는 언제 어디서 어떤 사고가 났는데, 그 사고를 목격한 사람은 꼭 연락을 달라는 부탁이 적혀 있다. 그리고 연락을 주거나 제보를 해 주면 반드시 후사하겠다는 약속과 연락처도 적혀 있다. 이렇듯 사례금을 걸면서까지 목격자를 찾는 이유가 있다. 목격자는 사건의 진실을 밝히는 데 매우 중요한 역할을 하기 때문이다. 실제로도 목격자는 법정에서 재판을 할 때 매우 중요한 증거로 채택된다. 목격자(目擊者)란 한자어의 의미대로 '사건을 직접 눈(目)으로 부딪쳐서(擊) 본 사람'이다. 그렇다면 인류 역사상 가장 위대한 사건이었던 예수님의 부활을 직접 눈으로 부딪쳐서 지켜본 사람들이 있을까?

성경은 부활의 목격자들이 한둘이 아니었다고 전한다. 물론 부활의 목격자들에 대한 성경 기록이 일목요연하게 한곳에 정리되어 있지는 않다. 어떻게 보면 그것들은 뒤죽박죽 섞여 있는 퍼즐 조각처럼 느껴질 때도 있고, 서로 충돌된다는 느낌이 들 때도 있다. 하지만 인내심을 가지고 퍼즐 조각을 하나씩 맞추어 가면, 부활의 목격자들에 대한 기록들을 하나하나 정리하게 된다. 그리고 어느새 예수님의 부활 사건이라는 대작(大作)이 완성될 때, 우리는 그 큰 그림 앞에서 감격의 환호성을 지르게 될 것이다.

1. 첫 목격자: 갈릴리의 여인들

1) 복음서의 서로 다른 시각

예수님의 부활을 가장 먼저 목격한 사람은 누구였을까? 마태, 마가, 누가, 요한 등 복음서의 기자들은 모두 갈릴리의 여인들이었다고 대답한다(마 28:1~10; 막 16:1~8; 눅 24:1~10; 요 20:1~2). 하지만 네 권의 복음서를 읽어보면, 예수님의 부활을 가장 먼저 목격한 여인들의 숫자와 이름이 서로 깔끔하게 일치하지 않는 것을 발견하게 된다.

마태복음은 막달라 마리아와 다른 마리아가 첫 목격자라고 소개한다. 마가복음은 막달라 마리아와 야고보의 어머니 마리아 그리고 살로메가 첫 목격자였다고 말한다. 누가복음은 막달라 마리아와 요안나와 야고보의 모친 마리아 등 이름을 밝힌 세 여인과 그 외에 다른 여자들이라고 전한다. 예수님 부활의 첫 목격자의 숫자를 가장 많이 추산했다. 그러나 요한복음은 첫 목격자의 이름으로 막달라 마리아 한 사람만을 소개한다.

■ 복음서에 나타난 첫 목격자들

복음서	첫 목격자	본문
마태복음	막달라 마리아, 다른 마리아	28:1
마가복음	막달라 마리아, 야고보의 어머니 마리아, 살로메	16:1
누가복음	막달라 마리아, 요안나, 야고보의 모친 마리아, 다른 여자들	24:10
요한복음	막달라 마리아	20:1

뭔가 복음서를 기록한 네 사람의 목소리가 일치하지 않고, 오히려 서로 충돌한다는 느낌을 지울 수가 없다. 하지만 마태, 마가, 누가, 요한이 기록한 부활에 대한 기록은 결코 서로 충

돌하거나 불일치하지 않는다. 다만 서로 다른 방향에서, 다른 방법으로 부활을 바라보고 기록했기에 차이가 있을 뿐이다. 마태는 유대인에게 빈 무덤에 대해 변증하는 데 집중했다. 누가는 엠마오의 두 제자와 베드로 그리고 제자들 등 3가지 현현 기사를 다루는 데 집중했다. 반면, 요한은 부활체의 시공간 초월성을 강조했다.

이런 상상을 해 보면 도움이 될 것 같다. 미술대학의 강의실에서 실습이 이루어지고 있다. 중앙에 한 명의 모델이 세워져 있고, 네 명의 학생들이 동서남북 사방에서 그 모델을 바라보며 그림을 그리고 있다. 어떤 학생은 앞모습을, 어떤 학생은 뒷모습을 바라보며 그린다. 다른 두 학생은 각각 모델의 왼쪽과 오른쪽의 모습을 바라보며 그린다. 게다가 네 명의 학생들은 그림의 장르도 모두 다르다. 수채화, 유화, 판화, 수묵화의 방법으로 각자의 그림을 그렸다. 이렇게 그린 네 명의 학생들이 그린 모델의 모습은 같은 듯 다르고, 다른 듯 같은 모습일 것이다. 하나님은 예수님의 부활이라는 역사적 사건을 네 사람의 복음서 기자를 통해 서로 다른 방향에서, 서로 다른 방식으로 바라보며 기록하게 하셨다. 그래서 네 권의 복음서가 기록한 부활 이야기 역시 다른 듯 같고, 같은 듯 다른 느낌을 받게 된다.

2) 갈릴리의 여전도회

누가는 예수님의 부활을 가장 먼저 목격한 여인들의 숫자를 가장 많이 소개했다. 그 여인들 중에는 이름이 밝혀진 막달라 마리아와 요안나 그리고 야고보의 모친 마리아가 있었으며, 이름을 밝히지 않은 다른 여자들도 있었다.

> "안식 후 첫날 새벽에 이 여자들이 그 준비한 향품을 가지고 무덤에 가서 … (이 여자들은 막달라 마리아와 요안나와 야고보의 모친 마리아라 또 그들과 함께 한 다른 여자들도 이것을 사도들에게 알리니라)"(눅 24:1, 10)

이름이 밝혀진 여인들에 대해 간단하게 살펴보자.

먼저, 막달라 마리아는 네 권의 복음서에 모두 소개된다. 당시 마리아라는 이름은 매우 흔했고, 우리나라처럼 성과 이름이 따로 있는 것이 아니었다. 그래서 같은 이름을 가진 자들을 서로 구분하기 위해 지명이나 특이점을 이름에 붙여서 표현했다. 즉 막달라 마리아는 막달라 출신의 마리아라는 뜻이며, 막달라는 갈릴리 가버나움 근처의 마을이었다. 막달라 마리아는 오랫동안 귀신의 강력한 지배에 묶여 있었다. 그 지배가 얼마나 강했는지 성경은 완전을 상징하는 숫자 '7'을 사용해서 일곱 귀신이 들렸다고 표현할 정도였다. 하지만 그녀는 예수님을 통해 일곱 귀신으로부터 해방되었다. 그후 막달라 마리아는 예수님을 따라다니면서 예수님의 사역을 뒤에서 돕는 제자가 되는 인생역전을 경험하였다(눅 8:2).

야고보의 모친 마리아는 열두 제자 중 하나였던 작은 야고보의 어머니였다. 열두 제자 중에는 야고보라는 이름을 가진 사람이 두 사람이나 있었다. 성경은 두 명의 야고보를 작은 야고보와 큰 야고보로 구분한다. 마리아는 작은 야고보의 어머니였으며, 아들이 예수님을 따르는 열두 제자였던 것처럼 마리아 역시 예수님을 따르면서 예수님의 사역을 도왔다.

살로메는 열두 제자 중 큰 야고보와 요한의 어머니였다. 예수님의 어머니 마리아와 자매 지간으로, 호적상 예수님의 이모였다. 그녀는 자신의 아들들과 함께 예수님을 따랐다. 예수님이 예루살렘으로 올라가실 때 자신의 두 아들(야고보, 요한)을 예수님의 좌우에 앉게 해 달라는 청탁을 했다가 다른 제자들의 빈축을 사기도 했다.

요안나는 헤롯 안디바 왕의 청지기였던 구사의 아내였다. 헤롯 안디바 왕은 갈릴리의 분봉 왕이었으며, 요안나도 자신의 남편과 함께 왕을 섬기는 자였다. 하지만 요안나는 갈릴리의 새로운 왕이신 예수님을 만난 후 예수님을 따르는 자가 되었다.

그 밖에 이름이 밝혀지지 않은 여인들 중에는 수산나와 같은 여인이 있었다고 추측할 수 있다(눅 8:3). 예수님을 따랐던 갈릴리의 여인들은 예수님의 갈릴리 사역에 동참하며 필요한 재정을 후원했고, 모든 궂은 일을 하는 자들이었다. 오늘날로 말하자면, 교회 내 여전도회와 같은 사람들이었다고 생각하면 이해가 쉽다. 이들은 예수님의 사역에 없어서는 안 될 여인들이었다.

3) 갈릴리에서 무덤까지

이 여인들은 다른 제자들과 마찬가지로 예수님께서 갈릴리 사역을 정리하고 예루살렘으로 올라가실 때 예수님을 따라갔다. 열두 제자처럼 예수님께서 정치-군사적 메시야가 되실 거라고 잔뜩 기대하고 있었다. 하지만 예수님은 제자들과 여인들의 열렬한 기대를 등진 채 힘없이 십자가에서 처형을 당하셨다. 실망한 열두 제자 중 어떤 이는 예수님을 은 30에 팔아넘겼다. 어떤 이는 저주에 가까운 말로 예수님을 세 번이나 부인했다. 또 어떤 이들은 옷이 벗겨지는 줄도 모른 채 줄행랑을 쳤다. 그러나 이런 열두 제자의 모습과는 달리, 여인들은 담대하게 십자가 아래까지 예수님과 동행했다. 그 여인들은 예수님을 따르기로 결심한 이후부터 줄곧 예수님을 떠난 적이 없었다. 예수님을 향한 변함없는 사랑과 믿음과 신의가 있었다.

예수님을 향한 여인들의 믿음과 사랑은 예수님이 죽고 난 다음에도 계속 이어졌다. 예수님께서는 금요일 오후 3시에 죽으셨다. 3~4시간 후면 안식일이 되는 시간이었기에, 아리마대 요셉과 니고데모는 예수님의 시신을 급하게 수습했다. 아리마대 요셉은 자신을 위해 준비해 두었던 무덤을 기꺼이 내어드렸다. 자신의 돈과 권력을 이용해 예수님의 시신을 아름답게 매장하는 일에 총력을 기울였던 것이다. 여인들은 이 과정에서도 손과 발이 되어 예수님의 시신을 수습하고 매장했다. 예수님의 시신은 고대 근동의 시체 방부 보존법에 의해 미라(mummy)로 만들어졌다. 세마포 헝겊을 시체에 말았으며, 헝겊 사이사이에 방부제 역할을 하는 향품을 넣고 방향제 역할을 하는 향료도 뿌렸다. 예수님의 시신을 정성스럽게 수습하기에는 너무나 시간이 촉박하였다. 그러나 다행히 예수님의 시체는 안식일이 시작되는 금요일 저녁이 되기 전 아리마대 요셉의 무덤에 안치되었다. 그리고 금요일 저녁에서부터 토요일 저녁까지 이어지는 안식일이 시작되었다.

4) 향품 준비

갈릴리 여인들은 예수님의 시신이 안식일 때문에 너무 급하게 수습된 것이 계속 마음에 걸렸다. 그래서 그녀들은 예수님의 시신에 향품을 보충해 넣기를 원했다. 여인들은 예수님의 시신에 보충할 향품과 향유를 준비했다. 향품은 몰약과 같은 향기를 내는 액체 물질이었으며, 향유는 나드와 같은 향기가 나는 기름이다. 특별히 시신에 향품이나 향유를 바르는 행동은 고인에 대한 사랑과 헌신 그리고 존경의 표시이기도 했다. 마치 우리가 묘소나 납골당에 꽃을 들고 가는 것과 같다. 여인들이 향품과 향유를 준비한 시점에 대해 누가와 마가의 기록이 다른 듯 보인다. 누가는 안식일이 시작되는 금요일 저녁이 되기 전 금요일(준비일) 오후에 준비했다고 기록한다(눅 23:54~56). 하지만 마가는 안식일이 끝난 후인 토요일 저녁에 준비했다고 기록한다(막 16:1). 누가와 마가의 기록을 합치면, 여인들은 상거래를 할 수 없는 안식일을 피해 안식일의 앞뒤 시간대를 이용해 향품과 향유를 구입했던 것이다.

여인들은 주일 새벽에 향품과 향유를 보충하기 위해 예수님의 무덤으로 향했다. 여인들은 누구보다 예수님의 무덤을 잘 알고 있었다. 예수님의 무덤은 예수님이 십자가에 못 박히신 곳에서 가까운 동산에 있었다(요 19:41~42). 여인들은 무덤으로 가면서 무덤 입구를 막아 놓았던 돌문을 걱정했다. 여인들의 힘으로는 큰 돌문을 굴리기에 역부족이라는 것을 알고 있었기 때문이다. 더불어 그곳을 지키고 있던 로마 군병들도 걱정거리였다.

5) 천사와 무덤의 돌문

그런데 여인들이 무덤으로 가는 도중에 놀라운 일이 일어났다. 갑자기 큰 지진이 일어나면서 하늘로부터 천사가 내려온 것이다. 여인들이 하늘로부터 내려오는 천사를 목격했는지는 정확히 알 수 없다. 하지만 천사가 무덤의 돌문을 옆으로 굴려낸 것은 정확하다(마 28:2). 천사가 직접 돌을 굴렸는지, 아니면 큰 지진을 통해서 굴렸는지는 정확하지 않다. 하지만 분명한 건 무덤을 막고 있던 돌문을 옆으로 굴려냈다는 것이다. 천사가 돌을 굴려낸 이유는 예수님을 위한 것이 아니었다. 천사가 무덤으로 내려오기 이전에 예수님은 이미 부활하셔서 무덤 밖으로 나오셨기 때문이다. 물론 무덤의 돌문이 닫혀 있는 상태에서 예수님은 그냥 나오셨다. 천사가 무덤의 돌문을 열어 놓은 것은 순전히 갈릴리의 여인들을 위한 배려였다. 천사는 여인들이 빈 무덤을 목격하도록 미리 돌문을 굴려낸 뒤, 여인들을 환영할 준비를 한 것이다.

천사는 여인들이 무덤으로 오면서 걱정했을 로마 군병들도 해결했다. 무덤을 지키던 로마 군병들은 천사를 보는 순간 무서워 떨면서 죽은 사람과 같이 되었다. 천사는 돌문을 굴려낸 후 그 돌문 위에 앉아 있었다. 천사의 형상은 번개같이 빛이 났고 눈처럼 흰 옷을 입고 있었으며 청년과 같은 모습이었다(마 28:2~4). 하나님은 천사를 보내셔서 여인들이 염려하던 돌문과 로마 군병이라는 문제를 멋지게 해결해 주셨다.

6) 빈 무덤

여인들이 무덤에 도착했을 때에는 이미 무덤 문이 열려 있었다. 여인들은 두려운 마음으로 무덤 안에 들어갔다. 무덤 안에도 천사가 있었다. 그 천사는 예수님이 누우셨던 자리의 오른편에 있었다. 돌문에 앉아 있던 다른 한 천사도 무덤 안으로 들어왔다. 여인들은 천사들이 두려워 얼굴을 땅에 댔다. 천사는 여인들에게 '무서워하지 말고 놀라지 말라'며 부드러운 말로 안심을 시켜주었다. 그러자 여인들은 예수님의 시체를 찾기 시작했다. 준비해온 향품과 향유를 예수님의 시신에 보충하려고 한 것이다. 그러자 천사는 "어찌하여 살아 있는 자를 죽은 자 가운데서 찾느냐"(눅 24:5)고 질문했다. 천사는 예수님이 이미 부활하셨기에 무덤 안에는 더 이상 계시지 않다고 말했다. 그러면서 천사는 여인들에게 예수님의 부활 소식을 제자들에게 전하라고 명령했다. 또한 부활하신 예수님이 먼저 갈릴리로 가실 것이니 제자들도 갈릴리로 가서 부활하신 예수님을 만나라고 전했다. 여인들의 마음은 놀라움과 두려움이 큰 기쁨과 뒤엉켜 너무나 복잡했다. 그래서 아무 말도 할 수 없어 도망치듯 무덤을 빠져 나왔다. 천사의 명령대로 부활의 소식을 제자들에게 알려야 했기 때문이다.

7) 부활하신 예수님을 만나다

갈릴리의 여인들은 제자들에게 달려가는 도중에 더 놀라운 일을 목격하게 되었다. 여인들이 부활하신 예수님을 만나게 된 것이다. 부활하신 예수님의 첫마디가 여인들의 마음을 녹였다. "평안하냐"(마 28:9). 예수님의 목소리였다. 여인들은 예수님의 시신을 무덤에 안치시키면서 이제는 더 이상 예수님의 모습을 볼 수 없고 목소리를 들을 수 없다는 것에 절망했었다. 하지만 여인들은 부활하신 예수님의 부드러운 목소리를 다시 들을 수 있었다. 예수님의 얼굴도 다시 볼 수 있게 된 것이다.

특히 마태복음은 여인들이 부활하신 예수님을 만난 사건을 멀리서 큰 그림으로 그렸다면, 요한복음은 여인들 중에서 막달라 마리아 한 사람에게 스포트라이트를 비추어서 기록했다.[4] 요한복음 20장 11~17절에는 막달라 마리아의 섬세한 감정들이 잘 드러나 있다. 막달라 마리아는 빈 무덤을 목격한 후 울면서 절망하고 있었다. 그동안 참아왔던 격한 슬픔이 마치 화산 폭발하듯 터져 나왔던 것이다. 막달라 마리아는 빈 무덤에 대한 충격으로 인해 경황이 없었다. 그때 부활하신 예수님은 막달라 마리아의 이름을 불러주시면서 그녀의 마음을 부드럽고 섬세하게 만져 주셨다.

막달라 마리아를 비롯한 여인들은 부활하신 예수님의 발을 붙잡고 경배했다. 그 경배는 마치 신하가 왕에게 복종을 맹세할 때 하는 행동과 같았다. 여인들이 예수님의 발을 붙잡을 수 있었다는 것은 예수님이 확실하게 부활하셨다는 증거였다. 더 나아가 막달라 마리아는 예수님을 만지며 매달리려고 했다. 하지만 예수님은 막달라 마리아를 제지하셨다. 그리고 천사가 여인들에게 지시한 그대로 행동하라고 당부하셨다. 이처럼 여인들은 예수님의 빈 무덤과 부활을 가장 처음으로 목격한 첫 목격자였다.

8) 여인들이 첫 목격자가 된 의미

사실 2천 년 전 고대 근동에서 여성의 인권이란 거의 존재하지 않았다. 당시 여성은 하나의 인격으로 존중되지 않았던 것이다. 「하멜 표류기」라는 책이 있다. 네덜란드 사람 하멜이 일본으로 가던 중 태풍을 만나 조선 땅 제주도에 도착하게 되었는데, 하멜 일행은 1653~1666년까지 조선에 억류되어 있다가 탈출하여 본국으로 돌아갔다. 그리고 그동안 조선에서 경험했던 여러 가지 일들에 대한 보고서를 썼는데, 그 보고서를 나중에 책으로 출간한 것이 바로 하멜 표류기이다. 하멜 표류기에는 조선시대의 여성 인권에 대해서도 언급이 되어 있다. 하멜은 조선의 남자들이 이미 자녀를 많이 낳고 사는 조강지처라 할지라도 마음에 들지 않으면 내보낸다고 기록하였다.

첩을 무제한으로 둘 수 있었으며, 그것이 흠이 되지 않는다고 했다. 조선 남자들은 아내나 첩들을 여종보다 별로 나을 게 없이 취급했다고 전한다. 그래서 사소한 트집을 잡아 처첩을 마음대로 쫓아냈으며, 심지어는 자녀가 마음에 들지 않을 때 어미와 함께 쫓아냈다고 기록한다. 하멜이 목격한 17세기 조선의 여성 인권이 이 정도라면, 2천 년 전의 고대 근동의 여성 인권은 이보다 더 처참했을 것이다. 실제로 당시 여성들은 인구조사 대상에서도 제외되었다. 완전한 한 사람, 한 인격체로 보지 않았던 것이다. 그래서 여성들은 법정에서 증인으로 채택되지도 않았다. 아무리 사건현장을 정확하게 목격했더라도 여성들은 증인으로서 인정되지 않았다. 그렇다면 하나님은 왜 사람 취급도 받지 못하며 증인으로 채택되거나 인정되지 않는 갈릴리의 여인들에게 빈 무덤과 부활하신 예수님을 가장 처음으로 목격하는 첫 목격자가 되게 하셨을까? 이는 크게 두 가지 의미가 있다.

첫째, 예수 그리스도를 향한 여인들의 충성에 대한 선물이었다. 여인들은 갈릴리에 있을 때 예수님의 사역을 이름도, 빛도 없이 돕고 섬겼다. 또한 여인들은 예루살렘으로 향하시는 예수님을 묵묵히 뒤따랐고, 십자가를 지시고 골고다 언덕에 오르실 때에도 묵묵히 뒤따랐다. 여인들은 십자가 아래까지 뒤따라가 그 아래에 머물렀다. 예수님의 시체를 위해서도 끝까지 정성을 다했고, 예수님을 무덤까지 따라갔다. 여인들은 예수님의 공생애 3년 동안 한 번도 예수님을 떠난 적이 없었다. 열두 제자는 수도 없이 예수님을 의심하고 반박하며 항변했지만, 여인들은 묵묵히 예수님을 뒤따랐던 것이다. 이것이 충성이다! 하나님은 충성된 여종들에게 부활의 첫 번째 증인이 되는 영광을 주셨다. 직접 천사를 보내셔서 설명해 주시고, 부활하신 예수님도 직접 찾아가 만나 주셨다. 비록 세상은 갈릴리의 여인들을 사람으로 취급하지 않고 증인으로도 인정하지 않았으며 그저 무지한 시골 아낙네로만 취급했지만, 하나님은 그녀들을 최고의 부활의 증인으로 인정하신 것이다.

둘째, 여인들이 부활의 첫 목격자가 된 것은 복음이 어떤 특징을 갖는지를 보여주는 것이다. 예수님이 탄생하셨다는 복된 소식(복음)도 목자와 동방박사들에게 제일 먼저 전해졌다. 마찬가지로, 예수님이 부활하셨다는 복된 소식(복음)도 당시 천대받던 여인들에게 제일 먼저 전해진 것이다. 탄생의 복음은 죄인 취급을 받던 목자들에게 제일 먼저 전해졌고, 구원과는 거리가 멀다고 여겨졌던 이방인들(동방박사)에게 가장 먼저 전해졌다. 부활의 복음도 인격체로 존중받지 못하던 여인들에게, 주목받지 못하는 저 시골 갈릴리의 아낙네들에게 가장 먼저 전해진 것이다. 이것이 복음이다!

2. 빈 무덤의 목격자: 베드로와 요한

갈릴리의 여인들은 제자들이 모여 있던 마가의 다락방으로 갔다. 여인들은 자신들이 빈 무덤과 부활하신 예수님을 목격했던 이야기를 했다. 여인들은 처음에 몹시 놀라 제자들에게 아무 말도 할 수 없었다(막 16:8). 하지만 이내 마음을 가다듬고 모든 것을 열한 사도와 다른 모든 이에게 알렸다(눅 24:9).

여인들의 목격담을 전해들은 사도들의 반응은 냉담했다. 그들은 여인들의 말을 거짓말이라고 생각하며 믿지 않았다. 그러나 베드로와 요한은 빈 무덤을 확인하고 싶었다. 그래서 두 사람은 무덤으로 달려갔다. 베드로보다 젊었던 요한이 베드로보다 더 빨리 무덤에 도착했다. 여인들의 목격담대로 무덤의 돌문이 굴려져 있었다. 요한은 무덤 안으로 들어가지 않고 베드로가 올 때까지 기다렸다. 요한이 밖에서 무덤 안을 들여다보았을 때 세마포가 놓여 있는 것을 볼 수 있었다. 뒤늦게 도착한 베드로가 먼저 무덤 안으로 들어갔다. 무덤 안에는 예수님의 시체를 쌌던 세마포가 놓여 있었다. 특이한 것은 예수님의 머리를 쌌던 수건도 있었는데, 세마포와 따로따로 놓여 있었다. 즉 예수님의 시체를 쌌던 수의(壽衣)가 질서정연하게 각각의 위치에 정리되어 있었던 것이다. 베드로는 요한을 무덤 안으로 들어오라고 했고, 요한도 빈 무덤 안에 있는 예수님의 수의를 보았다. 베드로와 요한은 예수님의 수의를 보면서 예수님의 시체가 도둑질 당하지 않았다는 것을 확신했을 것이다. 만약 도둑이 도둑질을 해 갔다면 미라 상태의 예수님의 시체를 통째로 훔쳐갔을 것이기 때문이다. 베드로와 요한은 마가의 다락방으로 다시 돌아왔다. 그리고 여인들이 전해준 빈 무덤에 대한 목격담을 믿었다. 하지만 그때까지도 구약성경이 예언하고 예수님이 여러 번 예고하신, 갈릴리의 여인들이 들려준 목격담을 예수님의 부활이라고 아직은 믿지 않고 있었다(요 20:9).

3. 거리의 목격자: 엠마오의 두 제자

안식 후 첫날, 일요일에는 여러 가지 역동적인 사건들이 많이 일어났다. 예루살렘에 있었던 마가의 다락방에는 예수님을 따라 다니던 제자들이 함께 모여 있었다. 기본적으로 열한 제자가 있었고, 다른 남자 제자들도 있었다. 또한 갈릴리의 여인들도 함께 있었다. 그런데 새벽에 무덤에 갔다 온 여인들이 지진, 천사, 빈 무덤, 부활하신 예수님을 목격했다고 했다. 베드로와 요한도 빈 무덤과 예수님의 수의를 보았다고 증언했다. 하지만 많은 제자들은 예수님의 부활을 여전히 믿지 못했다.

특히, 누가는 마가의 다락방에 모여 있는 제자들 중에 엠마오 출신의 두 제자가 고향으로 돌아갔다고 기록한다. 엠마오는 예루살렘에서 서쪽으로 10km 정도 떨어진 마을이었다. 엠마오의 두 제자 중 한 사람은 글로바였고, 다른 사람은 이름이 밝혀지지 않았다. 두 제자는 예수님이 십자가 위에서 죽은 사실에 대해 굉장히 절망적으로 생각했다. 예수님이 "이스라엘을 속량할 자"(눅 24:21)가 될 것이라고 기대했는데, 즉 이스라엘을 로마제국의 식민 통치로부터 해방시켜 줄 정치-군사적인 메시야라고 기대했는데 그 기대와는 정반대로 예수님은 십자가에서 죽으셨기 때문이다. 그들이 보기에는 너무나 허무한 일이었다. 예수님은 군중들의 열렬한 환영을 받으며 예루살렘에 입성한 지 며칠도 안 되어 죽은 것이다. 두 제자는 길을 가면서 서로 절망적인 이야기를 나누었다.

바로 그때 부활하신 예수님은 실망하여 고향으로 돌아가는 두 제자를 찾아가셨다. 길을 가면서 이야기를 나누는 두 사람에게 다가가신 것이다. 그러나 두 사람은 눈이 가리어져 부활하신 예수님을 알아보지 못했다(눅 24:16). 부활하신 예수님은 두 제자에게 구약성경에 나와 있는 그리스도의 고난과 부활에 관한 예언의 말씀을 풀어서 자세하게 설명해 주셨다(눅 24:25~27). 당시 유대인들은 그리스도가 고난을 당한다는 사상에 익숙하지 않았다. 유대인들이 간절히 기다린 그리스도는 고난당하는 그리스도가 아닌 정치-군사적인 힘으로 악을 심판하는 그리스도였다. 유대인들은 그리스도의 영광에 대해 세상을 심판하신 후 종말에 얻을 영광만을 생각했던 것이다. 그리스도의 부활에 대해서는 전혀 알지 못했다. 그래서 예수님은 모세오경과 선지서는 물론 다른 성경들을 통해서 그리스도의 부활에 대한 말씀을 조목조목 풀어서 가르쳐 주셨다. 두 제자는 예수님께서 말씀을 풀어주실 때 마음이 뜨거워지는 것을 느꼈다.

해가 지고 하루가 저물 무렵 두 제자와 예수님은 엠마오에 도착했다. 두 제자는 예수님에게 저녁 식사를 하고 주무신 후 가라고 청했다. 성경에 대한 이야기를 계속 나누고 싶었기 때문이다. 그때까지도 두 제자는 예수님이 부활하신 주님이라는 것을 모르고 있었다. 부활하신 예수님은 두 제자와 함께 식사를 하셨다. 예수님이 떡을 먹기 전 축사하신 후 떼어서 두 제자에게 주셨다. 그때 제자들의 눈이 밝아져 예수님이신 줄 알아보게 되었다. 예수님이 떡에 대해 축사하신 후에 떼어 주시는 행동은 최후의 만찬이나 오병이어의 기적에서 보여주신 행동이었다. 최후의 만찬은 열두 제자만 참석했으므로, 엠마오의 두 제자들이 기억하는 축사의 모습은 아마도 오병이어의 모습일 것이다. 그들이 부활하신 예수님을 알아보았을 때 예수님은 갑자기 사라지셨다.

두 제자는 그 즉시 예루살렘으로 돌아갔다. 그들이 목격한 부활하신 예수님을 다른 제자들에게 전하고 싶었기 때문이다. 더불어 예수님이 전해주신 복음의 메시지도 전하고 싶었을 것이다. 이미 해가져서 위험천만한 밤길 여행이었다. 예루살렘으로 가려면 2~3시간을 다시 걸어야 했다. 하지만 그들은 주저함 없이 예루살렘으로 향했다. 이것이야말로 부활하신 예수님을 만난 사람들의 자세이며, 성경을 통해 진리를 깨달은 자들의 반응이다.

4. 바울이 기록한 부활의 목격자들

바울은 고린도전서 15장 5~7절에 게바, 열두 제자, 오백여 형제, 야고보, 모든 사도, 바울 등 총 여섯 부류의 명단을 소개하였다. 이 명단에 나오는 사람들의 공통점은 바로 부활하신 예수님을 목격한 부활의 목격자들이라는 것이다. 바울은 고린도전서 15장 4절에서 예수님이 장사 지낸 바 되셨다가 구약성경이 예언한 대로 사흘 만에 다시 살아나셨다고 부활 사건을 간략하게 요약했다. 그리고 5절부터 부활 사건을 직접 눈으로 지켜본 목격자들의 명단을 소개했다. 바울은 왜 고린도 교회 성도들에게 부활의 목격자 명단을 소개했을까?

> "그리스도께서 죽은 자 가운데서 다시 살아나셨다
> 전파되었거늘 너희 중에서 어떤 사람들은 어찌하여
> 죽은 자 가운데서 부활이 없다 하느냐"(고전 15:12)

고린도 교회의 성도들 중에 어떤 사람들은 "부활이 없다"라고 주장하는 사람이 있었다. 예수님을 믿지 않는 사람이 부활이 없다고 주장하는 것은 이해가 간다. 하지만 교회를 다니는 성도들 중에도 부활이 없다고 주장하는 사람이 있었다는 것은 바울에게는 정말 답답한 일이었다. 고대 근동에서는 두 명의 목격자만 내세워도 법정에서 강력한 증거로 채택이 되었다. 하지만 바울은 두 명 이상의 여러 목격자들을 제시함으로 부활이 없다고 주장하는 자들에게 "부활은 있다"라고 강력하게 반론한 것이다.

1) 게바

바울이 소개한 첫 번째 부활의 목격자는 '게바'이다. 게바(케파)는 예수님께서 베드로에게 붙여주신 아람어 이름이며, 뜻은 '바위'이다. 베드로는 헬라어식 이름이며, 히브리어식 본명은 '시몬'이다.

베드로는 예수님의 열두 제자 중 수제자로 여겨질 만큼 최측근이었으며, 3년간 열정적으로 주님을 따랐다. 하지만 베드로의 꿈은 예수님의 꿈과는 달랐다. 예수님의 꿈은 십자가와 부활을 통한 모든 인류를 구원하는 것이었지만, 베드로는 예수님을 정치-군사적인 왕이 되어 로마제국으로부터 해방시켜 줄 것으로 기대한 것이다. 그리고 자신은 새로운 나라에서 총리가 되는 것을 꿈꿨다. 결국 예수님이 체포되어서 심문 받는 모습을 지켜보다가 예수님을 세 번이나 저주에 가까운 부인을 하게 되었다.

베드로는 심히 통곡하며 자신에게 실망했다. 그리고 갈릴리 바다로 돌아가 허탈함에 고기를 잡고 있었다. 그때 부활하신 예수님이 베드로를 찾아가셨다. 예수님은 부활하신 것을 친히 증명해 주셨다. 베드로가 잡은 물고기로 식사를 하셨던 것이다. 그리고 예수님은 대화를 통해서 베드로를 용납해 주시고, 부활의 목격자로 수많은 사람들에게 증인의 역할을 하라는 새로운 사명을 주셨다.

그때부터 베드로는 혁명을 통한 해방이 아닌 새로운 하나님 나라를 꿈꾸며 부활의 목격자 역할을 하였다. 사도행전에 나오는 베드로 설교의 핵심 주제는 '부활'이다. 오순절 성령세례 이후 설교(행 2:31~32), 사도 충원 시 설교(행 1:21~22), 성전 미문 앞 앉은뱅이 고친 후 설교(행 3:14) 등 베드로 설교의 핵심을 오직 '부활'이었다.

2) 열두 제자

그 다음 목격자는 '열두 제자'다. 열두 제자는 1세기 초대 교회의 제자들을 부르는 고유 명칭이었다. 때로는 '열둘'이라고 약칭으로 부르기도 했다. 한 가지 유의해야 할 것은 열두 제자라고 하여 꼭 12명이라고 문자적으로 해석할 필요는 없다.

제자들은 예수님께서 십자가에서 돌아가신 후 마가의 다락방에 함께 모여 대책을 논의했다. 그들은 두려움에 가득 차 있었다. 유대인들이 예수님을 죽인 것처럼 자신들도 죽일 것을 두려워하며 방의 모든 문을 걸어 잠근 채 숨죽이고 있었다. 그때 부활하신 예수님께서는 두려움에 떨고 있는 그들을 찾아오셨다. 그리고 처음 건네신 말씀이 "평강이 있을지어다"(요 20:19)였다. 예수님께서는 그후 40일 동안 제자들에게 부활하신 모습을 여러 번 나타내 보여주셨고, 하나님의 나라의 일(행 1:3)을 말씀하셨다. 제자들은 두려움이 사라진 채 성령을 덧입어 세상에 나아가 부활의 목격자로서의 새로운 삶을 살게 되었다.

예수님께서 예루살렘에서 제자들에게 나타나셨을 때, 그 자리에는 도마가 없었다. 도마는 예수님이 자신 앞에 나타나시기 전에는 예수님의 부활을 믿지 못하겠다며 의심했다. 열한 제자는 예수님이 지시하신 갈릴리의 산으로 갔다. 그 산이 어느 곳인지는 확인하기가 어렵다. 하지만 예수님이 산으로 가라고 하셨던 이유가 있다. 예수님은 주로 산에서 하나님의 말씀을 선포하셨기 때문이다. 특히 마태복음에서는 산이 하나님의 계시와 관련해서 16번이나 등장한다.[5] 그 대표적인 예가 산상 설교와 변화산 사건이다. 아마도 예수님은 갈릴리의 산에서 하나님 나라의 일에 대해 말씀하셨을 것이다(행 1:3). 부활하신 예수님을 목격한 열한 제자는 예수님께 엎드려 경배했다. 그들은 부활하신 예수님이 자신들과 함께 계신 임마누엘이심을 인정하고 고백하는 마음으로 경배를 하였다.[6] 하지만 열한 제자 중에는 아직도 예수님의 부활을 믿지 못하는 연약한 믿음을 소유한 자들도 있었다. 예수님의 부활을 확신하며, 그 의미를 깨닫는 데에는 시간이 더 필요했을 것이다.

3) 오백여 형제

부활하신 예수님은 열두 제자뿐 아니라 오백여 형제들이 모여 있는 장소에도 나타나셨다. 오백여 형제가 부활하신 예수님을 목격했다는 것은 따로따로 각각 목격했다는 것이 아니다. 바울은 "일시에"(고전 15:6)라고 명확하게 표현했다. 이것은 예수님의 부활 사건이 소수의 목격자들에 의해 과장해서 포장된 것이 아니라는 증거다.

특히 바울은 「고린도전서」라는 편지를 기록할 당시에도 오백여 형제 중 대다수는 살아 있는 상태라고 했다. 바울이 고린도전서를 쓴 것은 대략 주후 53~54년경으로 보고 있다. 예수님이 부활하신 것을 목격한 후 20년이 지난 시점이니 대부분 살아 있었을 것이다. 하지만 오백여 명 중에 이미 죽은 사람도 있다고 바울은 실제적으로 증언하고 있다.

그 오백여 명의 부활의 목격자들은 이후 로마제국에 의해서 진행되었던 박해를 모두 견뎌낸 사람들이다. 히브리서 11장 35절을 보면 이들은 '더 좋은 부활'을 얻기 위해 심한 고문을 받았으며, 구차하게 부활을 부인해서 석방되려고 하지도 않았다고 한다. 조롱을 받고 채찍질을 당했다. 돌로 맞기도 하고 톱과 칼로 죽임을 당하기도 했다. 유리하고 궁핍과 환난과 학대를 당했다. 하지만 이런 사람들은 세상이 감당하지 못하는 사람들이었다. 왜냐하면 그들은 예수님의 부활을 목격한 자들이었기 때문이다.

4) 예수님의 동생 야고보

1세기 당시 살았던 유대인들 중에는 '야고보'라는 이름이 흔했다. 야고보는 유대인들의 믿음의 선조이자 이스라엘 12지파의 아버지였던 '야곱'에서 유래된 이름이었기 때문이다. 신약성경에는 4명의 야고보가 나온다. 4명의 야고보 중 2명은 예수님의 열두 제자에 속해 있었다. 그래서 세베대의 아들 야고보(큰 야고보)와 알패오의 아들 야고보(작은 야고보)라고 구분한다. 열두 제자 중 유다도 2명이나 있었는데, 예수님을 판 유다는 가룟 유다이고 다른 유다의 아버지 이름이 바로 야고보였다. 그리고 나머지 한 명은 예수님의 동생 야고보이다.

바울은 예루살렘을 방문했을 때 베드로와 야고보를 만났다(갈 1:18~19). 그때 예수님의 동생 야고보는 예루살렘 교회의 의장이 되어 베드로와 함께 예루살렘 교회를 이끌고 있었다. 강력한 부활의 증인으로 서 있었던 것이다. 이것은 바울이 고린도전서 15장 7절에서 언급한 야고보가 예수님의 동생 야고보였다는 근거이다.

예수님의 호적상 부모였던 요셉과 마리아는 4명의 아들을 낳았다. 예수님의 호적상 형제의 이름은 야고보, 요셉, 시몬, 유다이다(마 13:55). 예수님과 함께 성장했던 예수님의 동생들은 예수님이 메시야라는 사실을 믿지 않았다. 오히려 예수님을 오해하거나 비아냥거렸다(요 7:5). 더 나아가 마리아와 함께 사역하는 곳을 찾아가 예수님의 사역을 멈추게 하려고 했다(마 12:46). 그러던 야고보가 부활하신 예수님을 목격했고(행 1:14), 부활을 목격한 야고보는 달라졌다. 마침내 야고보는 예루살렘 교회의 지도자가 되었다(행 15:13). 그리고 신약성경의 「야고보서」를 기록하는 예수 그리스도의 종(약 1:1)이 되었다.

5) 모든 사도

'사도' 하면 흔히 예수님의 열두 제자만 떠올린다. 하지만 성경은 열두 제자만을 사도라고 하지 않는다. 예를 들면, 히브리서 기자는 히브리서 3장 1절에서 "우리가 믿는 도리의 사도이시며 대제사장이신 예수"라고 소개한다. 예수님을 사도라고 소개한 것이다. 예수님은 하나님의 보내심을 받아 이 땅에 오신 하나님의 대리자였다.

사도라고 번역된 헬라어 '아포스톨로스'(ἀπόστολος)는 왕이 자신을 대신해서 다른 나라 왕에게 보내는 왕의 대리자라는 뜻이었다. 또한 고대 그리스에서 백성들이 선거를 통해 뽑은 사람을 의회로 보냈는데, 그 대리자를 아포스톨로스라고 불렀다. 어떤 권한을 위임 받은 대리자, 즉 보냄을 받은 자는 모두 사도(아포스톨로스)라고 한 것이다. 요즘 식으로 말하면, 대통령 특사나 국회의원이라고 할 수 있다.

또한 예수님의 동생 야고보도 사도라고 불렀다(갈 1:19). 바울의 동역자 바나바 역시 사도라고 불렀고(행 14:14), 안드로니고와 유니아(롬 16:7) 등 예수님의 부름을 받아 1세기 초대 교회에서 예수님이 주신 권위로 복음을 전하며 가르치고 교회를 세워나갔던 수많은 지도자들을 모두 사도라고 불렀다. 이러한 그리스도의 일꾼들은 모두 부활하신 예수님을 목격한 이후 새로운 삶을 살았다.

6) 사도 바울

바울은 장차 유대교의 차세대 지도자로 주목받은 청년(행 7:58; 25~35세 미만)이었다. 바울은 바리새파의 랍비 과정을 마친 후 회당에서 율법을 가르치는 교사의 위치에 있었을 것이다. 바울은 예수님을 나사렛 이단의 창시자로 생각하고, 교회를 이단 집단으로 여겨 합법적으로 박해했다. 바울은 스데반 집사가 돌에 맞아 죽는 기독교 최초의 순교 현장을 주도했던 사람이다. 바울의 박해는 극심했고, 그로 인해 예루살렘 교회의 성도들은 각 지역으로 흩어지게 되었다. 바울은 주님의 양떼들을 흩어놓는 이리의 역할을 한 것이다. 또한 바울은 그것도 모자라 예루살렘의 가가호호를 수색하며 숨어 있는 그리스도인들을 모두 체포하여 감옥에 가두었다.

바울은 예루살렘을 평정한 후 다른 지역으로 관심을 돌렸다. 그는 이스라엘 북쪽의 다메섹 지역에서 안디옥 교회가 부흥되고 있다는 소식을 들었다. 이에 바울은 안디옥 교회를 박해하기 위해 체포영장을 발부받아 원정길에 올랐다. 바울은 땅 끝까지 쫓아갈 기세로 교회와 성도를 핍박했다. 부활하신 예수님은 하늘에서 바울의 이런 모습을 모두 지켜보고 계셨다. 그리고 때가 되었을 때 바울의 삶에 개입하셨다.

바울이 일행과 함께 다메섹 지역에 거의 도착할 때였다. 부활하신 예수님은 바울에게 강력한 빛으로 찾아가셨다. 그 빛은 하늘로부터 비치는 빛이었는데, 바울을 완전히 둘러 비췄다. 그 순간 바울은 땅에 엎드러졌다. 바울은 자신을 둘러싼 빛 속에서 자신의 이름을 부르는 음성을 들었다. "사울아, 사울아"(행 9:4). 그리고 바울의 가슴을 때리는 한 가지 질문이 들렸다. "네가 어찌하여 나를 박해하느냐"(행 9:4). 바울은 곧바로 "주여 누구시니이까"(행 9:5)라고 반문을 했다. 그러자 "나는 네가 박해하는 예수"라는 음성이 들렸다. 바울은 부활하신 예수님의 빛을 눈으로 보았고, 부활하신 예수님의 음성을 귀로 듣게 되었다. 그리고 예수님의 한 가지 명령을 더 들었다. "너는 일어나 시내로 들어가라 네가 행할 것을 네게 이를 자가 있느니라"(행 9:6). 예수님의 강력한 빛을 본 바울을 앞을 보지 못하게 되었다. 바울은 사흘 동안 아무것도 먹거나 마실 수 없었다. 부활하신 예수님을 목격하면서 너무나 큰 충격을 받았기 때문이다.

바울은 부활하신 예수님을 목격한 후 여러 과정을 통해 이방인의 사도가 되기 위한 훈련을 받았다. 바울은 다메섹에서 아라비아로, 다시 아라비아에서 다메섹으로의 여정을 거친 후 3년 만에 예루살렘으로 돌아갔다(갈 1:17). 바울은 아마도 그때 만감이 교차했을 것이다. 예수님을 핍박했던 그가 예수님을 전파하는 자로 완전히 변화되어 돌아온 것이다. 하지만 바울은 헬라파 유대인들의 반대로 예루살렘에 오래 머물지 못했다. 그래서 바울은 15일 만에 예루살렘을 쫓겨나다시피 떠나 자신의 고향이었던 길리기아 다소로 갔다(행 9:30).

고향으로 낙향하게 된 바울은 그곳에서의 생활이 그리 길지 않을 것이라고 예상했을 것이다. 하지만 바울은 다소에서 13년의 세월을 보내야 했다. 바나바의 추천으로 안디옥 교회의 지도자로 청빙될 때까지 13년의 세월을 고향에서 썩어야 했다. 성경은 바울이 다소에서 어떤 일을 했는지에 대해서 철저하게 침묵한다. 우리는 바울이 13년 동안 부활하신 예수님을 목격했는지 알 수가 없다. 하지만 분명한 것은 바울이 13년 동안 더 견고한 모습으로 성장하고 성숙되어졌다는 것이다. 다소의 13년은 결코 잃어버린 13년이 아니었다. 이재철 목사는 그의 책 「사도행전 속으로」에서 다소의 13년을 이렇게 평가했다.

> "세상살이에 관한 누구보다도 유능했던 사울은 13년 동안이나 마치 무능한 실패자처럼 살아야 했다. 13년이란 기간은 누구에게나 장구한 세월이다. 특히 사울처럼 유능하면서도 무능한 인간처럼 살지 않을 수 없는 상황 속에 처한 젊은이에게 13년은 130년만큼이나 긴 세월일 수 있다. 그런 상황 속에서는 하루하루 새 날을 맞는다는 것 자체가 죽음보

다 더 큰 고통일 수 있다. 그러나 사울은 13년이란 그 기나긴 세월의 터널을 추호의 흔들림도 없이 꿋꿋하게 나아갔다."[7]

이재철 목사의 평가처럼 유능하면서도 무능한 인간처럼 살아가는 것은 십자가에 자신을 못 박는 것이다. 하지만 바울은 자신을 십자가에 못 박는 것만 한 것이 아니라 매일매일 부활하신 예수님을 목격함으로 자신도 매일매일 부활하는 생명력을 맛보았을 것이다.

바울은 다소의 13년을 부활의 시간으로 빚어갔다. 자신을 그리스도의 온전한 일꾼으로 만들어 간 것이다. 유대교에 찌들어 있던 가치관과 세계관의 물을 뺐다. 그리고 구약과 예수님을 연결시키며 신약성경의 2/3를 기록할 수 있는 토대와 재료들을 만들어 갔을 것이다. 아마도 다소의 13년이 없었더라면 신약성경의 2/3가 기록되지 않았을 것이다. 단언컨대, 이 모든 과정 속에서 부활하신 예수님은 계속해서 바울을 찾아가셨을 것이고 격려하셨을 것이다. 그렇다면 바울이 교회의 지도자가 된 후에는 부활하신 예수님을 목격했을까?

성경은 바울이 전도여행 중에 부활하신 예수님을 여러 번 경험했다고 말씀한다. 사도행전 18장을 보면, 바울은 아덴(오늘날의 그리스 아테네) 선교를 마치고 고린도로 이동한다. 바울은 고린도의 유대인 회당을 중심으로 유대인들에게 복음을 전했다. 하지만 유대인들은 극심하게 바울을 대적하며 비방했다. 어찌나 반대가 극심했는지 바울은 옷을 털면서, 유대인에게 복음을 전하는 것은 하나님께 맡기겠다고 선언했다(행 18:6). 고린도에도 밤이 찾아왔고 바울은 열매가 없었던 아덴 선교와 반대에 부딪히는 고린도 선교를 생각하면서 빨리 고린도 사역을 접으려고 계획하고 있었다. 그때 부활하신 예수님이 바울을 찾아가 환상 가운데 말씀하셨다.

"두려워하지 말며 침묵하지 말고 말하라 내가 너와 함께 있으매 어떤 사람도 너를 대적하여 해롭게 할 자가 없을 것이니 이는 이 성중에 내 백성이 많음이라"(행 18:9)

바울은 부활하신 예수님을 목격한 후, 심기일전하여 고린도에서 1년 6개월을 더 머물며 열심히 선교하여 고린도 교회를 세워 나갔다.

바울이 부활하신 예수님을 직접 목격했다는 기록은 사도행전 23장에도 나온다. 바울은 3차 전도여행을 마치고 예루살렘에 도착했을 때 유대인들에 의해 체포되었다. 유대교 지도자들은 바울을 산헤드린 공의회의 재판정에 세웠다. 바울은 "죽은 자의 소망, 곧 부활"만을 전했을 뿐이라고 변론했고, 이후 유대교의 양대 산맥이었던 바리새파와 사두개파 간의 논쟁이 일어났다. 재판은 정회가 되었고, 바울은 다시 감옥에 갇히게 되었다. 그리고 밤이 되었다. 그날 밤, 부활하신 예수님은 다시 바울 곁으로 찾아오셨다. 부활하신 예수님은 고린도에서 말씀하신 것처럼 다시 바울을 격려하셨다.

"담대하라 네가 예루살렘에서 나의 일을 증언한 것 같이 로마에서도 증언하여야 하리라"(행 23:11)

바울은 부활하신 예수님이 주시는 격려와 약속을 품고 담대하게 로마를 향해서 나아갔다. 비록 죄수의 몸으로 가는 것이었지만, 부활하신 예수님을 다시 목격함으로 살아계신 예수님께서 항상 자신과 함께하신다는 확신을 갖게 되었다.

5. 부활의 목격자들

지금까지 복음서에 기록된 부활의 목격자들과 사도 바울이 기록한 부활의 목격자들을 꼼꼼히 살펴보았다. 예수님의 부활은 결코 몇 사람이 만들어낸 상상의 이야기가 아니다. 수많은 목격자들이 목격한 역사적 사건이며, 사실(fact)이다. 성경이 말하는 부활의 목격자들을 다시 한 번 표로 정리하면 다음과 같다. 여기서 바울의 고린도전서 목록과 사복음서 목록에 차이점이 있는 이유는, 바울은 사도 및 사도적 사역을 하는 자들과 관련된 부활의 목격자만 기술했지만 복음서는 교회의 공식적인 전통에 따라 사도적인 현현만 기술했기 때문이다.

■ **부활의 목격자들**

목격자	장소	관련 성구	바울의 목록 (고전 15:4~8)
막달라 마리아	예루살렘	마가복음 16:9~11 요한복음 20:11~18	
빈 무덤을 목격한 다른 여인들	예루살렘	마태복음 28:8~10	
예루살렘에 있던 베드로	예루살렘	누가복음 24:34	○
엠마오로 가는 두 제자	엠마오	마가복음 16:12~13 누가복음 24:13~35	
다락방의 열 명의 제자	예루살렘	누가복음 24:36~43 요한복음 20:19~25	
열한 명의 제자 (도마 포함)	예루살렘	마가복음 16:14 요한복음 20:26~31	○
갈릴리 바다에서 일곱 제자	갈릴리	요한복음 21:1~14	

갈릴리의 산에서 열한 제자	갈릴리	마태복음 28:16~20 마가복음 16:15~18	
오백여 명의 형제들	?		○
예수님의 형제 야고보	예루살렘		○
감람산에서 승천하실 때	예루살렘	마가복음 16:19~20 누가복음 24:50~53	
사도 바울	다메섹 도상+?		○

부활의 목격자들은 하나같이 부활을 목격한 후 새로운 삶을 살았다. 이 세상은 잠깐이며 언젠가는 자신들도 예수님처럼 부활할 것을 확신했기 때문이다. 그리고 자신들이 지금 하고 있는 부질없는 세상 일들을 내려놓고 좀 더 의미 있는 부활을 위한 삶을 살았다. 먹어도 부활을 위해서, 잠을 자도 부활을 위해서, 일을 하거나 휴식을 해도 부활을 증거하기 위해서 했다. 삶의 목적이 달라진 것이다. 부활의 목격자들은 언제 어디서나 자신들이 부활의 증인임을 잊지 않았다.

"이 예수를 하나님이 살리신지라 우리가 다 이 일에
증인이로다"(행 2:32)

부활의 목격자들이 했던 설교와 전도의 핵심 주제는 '부활'

이었다. 초대 교회의 설교나 전도에서 부활을 제거한다면 아무것도 남지 않는다. 왜냐하면 부활은 복음의 뿌리이기 때문이다. 뿌리 없는 꽃꽂이용 꽃은 아무리 화려해도 죽은 꽃이다.

예수님은 우리에게도 부활의 목격자가 되라고 말씀하신다. 우리는 부활하신 예수님을 직접 목격하지 않았다. 하지만 부활의 목격자들이 기록해 놓은 성경을 통해 우리는 부활하신 예수님을 목격한다. 그리고 우리 안에 계신 성령님께서 부활하신 예수님을 경험하게 하신다.

4장

부활의 유익

예수님께서는 구약성경의 예언대로 부활하셨고, 또한 당신이 예고하신 그대로 부활하셨다. 수많은 사람들이 부활하신 예수님을 목격했고, 비어 있는 무덤도 목격했다. 부활하신 예수님은 이전의 모습과 전혀 다른 새로운 몸을 가지고 계셨다. 이제 우리는 이런 질문을 해 보아야 한다. '예수님의 부활은 우리에게 어떤 유익을 주는가?' 사실 이 질문은 5백 년 전 독일 하이델베르크에 살았던 신앙의 선배들도 가졌던 질문이다.

하이델베르크는 독일 네카 강변의 낭만적이고 아름다운 도시로, 16세기에는 팔츠 공국의 수도 역할을 하였다. 하이델베르크는 1517년에 시작된 루터의 종교개혁 영향을 받기 시작하여, 1559년에 프리드리히 3세가 선제후[8]가 되면서 본격적인 종교개혁이 시작되었다. 프리드리히 3세가 세운 종교개혁의 업적 중에 하나는 「하이델베르크 교리문답서」를 만든 것이다. 하이델베르크 교리문답서는 청소년들에게 기독교의 핵심 진리를 올바르고 정확하며 체계적으로 가르칠 수 있도록 만들어졌다. 하이델베르크 교리문답서는 루터파와 칼빈파의 교리 논쟁에 휩쓸리지 않으면서도 기독교의 핵심 진리를 담백하게 담아내려고 애를 썼다. 프리드리히 3세는 신학교수와 지역 목회자 그리고 일반 성도로 이루어진 교리문답위원회를 구성하여 우르시누스, 올레비아누스 등의 주도 하에 129개의 질문과 대답으로 이루어진 하이델베르크 교리문답서를 탄생시켰다. 그래서인지 최근에는 하이델베르크 교리문답서가 많은 교회의 교리교육 교재로 새롭게 선택되고 있다. 이 가운데 하이델베르크 교리문답서 제45문답은 부활에 대한 질문과 대답으로 구성되어 있다.[9]

하이델베르크 교리문답서 제45문답[10]

질문: 그리스도의 부활은 우리에게 어떤 유익을 줍니까?
대답 : 첫째, 그리스도는 부활로써 죽음을 이기셨으며
  죽으심으로써 얻으신 의에 우리도 참여하게 하십니다.
  둘째, 그의 능력으로 말미암아 우리도 이제 새로운 생명으로 다시 살아났습니다.
  셋째, 그리스도의 부활은 우리의 영광스러운 부활에 대한 확실한 보증입니다.

제45문답의 질문과 3가지 대답은 예수님의 부활이 우리에게 어떤 유익을 주고 있는지 간단하면서도 담백하게 설명해 주고 있다. 따라서 이 장에서는 하이델베르크 교리문답서 제45문답의 3가지 대답을 중심으로 부활의 유익에 대해서 성경적 근거를 찾아가면서 살펴보고자 한다.

1. 하나님의 의에 참여하게 하신다

예수님의 부활이 우리에게 주는 첫 번째 유익은, 우리가 하나님의 의에 참여할 수 있게 된 것이다. '하나님의 의'(義)라는 표현이 다소 생소할 것이다. 하나님의 의를 이해하기 위해서 홍수 심판과 노아의 방주 이야기(창 6~9장)를 떠올리는 것이 도움이 된다.

노아 시대에는 사람의 죄악이 세상에 가득했다. 때문에 사람의 마음과 생각과 계획은 항상 악했다. 하나님은 세상에 가득한 죄악을 홍수로 심판하셨다. 홍수 심판은 죄악에 대한 하나님의 진노였다. 하나님의 진노는 결코 부당하거나 가혹한 것이 아니다. 홍수 심판을 피할 수 있는 사람은 아무도 없었다. 하지만 하나님은 홍수 심판 가운데서도 구원의 은혜를 베푸셨다. 그 구원의 은혜는 바로 '노아의 방주'이다. 방주는 하나님이 직접 설계하고 계시하며 하나님의 종 노아를 통해서 만들도록 하셨다. 홍수 심판과 노아의 방주라는 두 장의 그림을 상상하면서 바울이 설명한 하나님의 진노와 하나님의 의에 대해 살펴보자.

1) 하나님의 진노

로마서의 주제는 '하나님의 의'다.[11] 바울은 로마서에서 하나님의 의를 집중적으로 다루었다. 그러나 하나님의 의를 이해하려면 먼저 하나님의 진노에 대해서 이해해야 한다. 때문에 바울은 하나님의 의를 다루기 전에 먼저 하나님의 진노에 대해 로마서 1장 18~32절에서 설명했다. 세상의 모든 사람은 하나님의 진노라는 절망적인 상황 아래에 놓여 있다.

> "하나님의 진노가 불의로 진리를 막는 사람들의 모든 경건하지 않음과 불의에 대하여 하늘로부터 나타나나니"(롬 1:18)

하나님의 진노, 하나님의 분노는 사람의 어긋난 삶에 대한 하나님의 표현이다. 하나님은 세상과 사람을 사랑하시는 분이다. 하나님은 오래 참으시는 분이시며 인자가 많으신 분이다. 하지만 사람의 어긋난 행동에 대해서는 분노하신다. 우리는 하나님의 분노에 대해서 부당하다고 말할 수 없다. 하나님의 진노는 사람들의 죄악에 대한 마땅한 결과이기 때문이다. 하나님의 진노가 아담 이후부터 현재까지 나타나고 있는 이유는 사람들 각자의 죄 때문이다.[12]

아담도 자신의 죄로 인해 하나님의 진노 아래 놓였다. 아담 이전에는 죄가 세상에 존재하지 않았다. 하지만 아담의 불순종으로 인해 죄가 세상에 들어왔고, 아담이 불순종한 시점부터 세상에는 죄가 시작되었다. 아담은 하나님께서 주신 자유와 복을 등진 채, 하나님이 금하신 불순종을 선택했다. 그로 인해 세상에 존재하지 않던 '죄'라는 것이 시작되었다. 교의 신학에서는 이것을 '원죄'(原罪), 즉 죄의 기원 또는 죄의 시작(The origin of sin)이라고 말한다.

아담 이후에 존재했던 모든 사람들도 아담과 똑같은 방식으로 불순종의 삶을 선택했다. 사람들은 하나님을 알 만한 것이 자신들 속에 있음에도 불구하고 하나님을 등졌다. 사람들은 하나님을 영화롭게도 아니하고, 감사하지도 아니하며, 오히려 허망한 생각과 미련한 마음으로 죄악을 저질렀다. 사람들은 조물주이신 하나님을 버리고 피조물을 섬겼다. 그들은 하나님을 마음에 두기 싫어하면서 온갖 합당하지 않은 일들을 했다. 그로 인해 하나님의 진노가 모든 사람에게 나타났다.

> "그러므로 하나님께서 그들을 마음의 정욕대로 더러움에 내버려 두사 그들의 몸을 서로 욕되게 하게 하셨으니"(롬 1:24)

하나님의 진노는 사람들이 죄의 지배 아래 살도록 내버려 두시는 것이다. 이것은 하나님의 무관심이나 무책임이 아니다. 하나님의 적극적인 처벌이다. 철없는 아이가 땅바닥에서 뒹굴며 끝도 없이 고집부리고 있다. 그럴 때 부모는 "그렇다면 어디 네 마음대로 해 보거라" 하면서 고집쟁이를 내버려 둔다. 마찬가지로 하나님께서는 하나님을 등진 채 불순종하는 사람들을 마음의 정욕대로 더러움에 내버려 두시고(롬 1:24), 부끄러운 욕심에 내버려 두시며(롬 1:26), 그 상실한 마음대로 내버려 두신다(롬 1:28). 이것이 하나님의 공정한 심판인 하나님의 진노이다. 하지만 사람들은 자신들이 하나님의 진노 아래 살고 있다는 사실조차 모른 채 죄의 지배 아래에서 적극적으로, 혹은 소극적으로 죄악을 저지르고 있다. 그 죄악상은 로마서 1장 18~32절에 잘 요약되어 있다.

2) 하나님의 의와 부활

하나님은 죄의 지배 아래에 살아가는 사람들을 구원하시기 위해 예수님을 보내셨다. 아니, 보다 정확하게 표현하자면 구출(deliverance)[13] 하시기 위해서 구조대를 보내신 것이다. 하나님은 죄의 지배 아래서 고통의 바다 속에 빠져 죽어가는 사람들에게 예수님이라는 구조대를 보내셨다. 마치 홍수 심판 속에서 노아의 방주를 만들라고 하신 원리다. 창조주이신 예수님이 첫 사람 아담을 대신하는 새로운 대표의 자격으로 세상에 오셨다. 그리고 우리가 다 알고 있는 대로 예수님은 죄가 없었지만, 우리의 죄를 짊어지고 십자가 위에서 죽으셨다. 예수님은 인류의 대표자로서 대속물이 되셨다. 대속이란 대신하여 값을 치르는 것이다.

그리고 예수님은 죽음을 이기시고 부활하셨다. 예수님의 부활은 십자가 사건이 인류의 죄 값을 치르는 사건이었음을 확실하게 증명해준 사건이다. 하나님은 예수님의 부활을 통해서 십자가 대속의 효력이 확실하다는 것을 증명해 주셨다. 왜냐하면 예수님은 죄의 결과였던 사망을 이겨내셨기 때문이다. "죄의 삯은 사망"(롬 6:23)이라는 말씀처럼, 사망은 죄의 결과물이었다. 하나님과의 단절이라는 영적 사망과 물리적인 몸의 사망 모두 죄의 결과물인 것이다.

예수님은 부활로 사망의 문제를 해결하셨다. 십자가와 부활을 통해서 죄와 사망을 모두 이기신 것이다. 십자가와 부활을 따로따로 나눌 수는 없지만, 굳이 둘로 나눈다면 십자가는 죄를 해결하고 부활은 죄의 결과인 사망을 해결한 것이다. 죄가 해결됐다면 죄의 결과물인 사망도 당연히 해결되는 것이다. 예수님은 부활로 이것을 증명해 보이셨다. 따라서 부활은 하나님의 친필서명이라고 할 수 있다. 예수님이 십자가에서 이루어 놓으신 대속의 효력이 진짜임을 인정하는 최종 서명(署名, signature)이다. 그래서 바울은 예수님의 십자가와 부활에 대해 다음과 같이 정리한다.

"예수는 우리가 범죄한 것 때문에 내줌이 되고 또한 우리를 의롭다 하시기 위하여 살아나셨느니라"(롬 4:25)

예수님은 십자가와 부활을 통해서 하나님의 의(righteousness; 롬 1:17, 3:22; 고후 5:21)를 나타내셨다. '하나님의 의'라는 말은 새로 만들어 낸 말이 아니라 바울이 '하나님의 진노'와 대비되는 개념으로 사용한 용어이다. 하나님의 의는 눈에 보이지 않지만, 세상 속에 존재하기 시작한 새로운 영적인 패러다임이다. 하나님께서 구원을 주시기 위해 세상 속에 만들어 놓으신 하나님의 능력(롬 1:16)인 것이다.

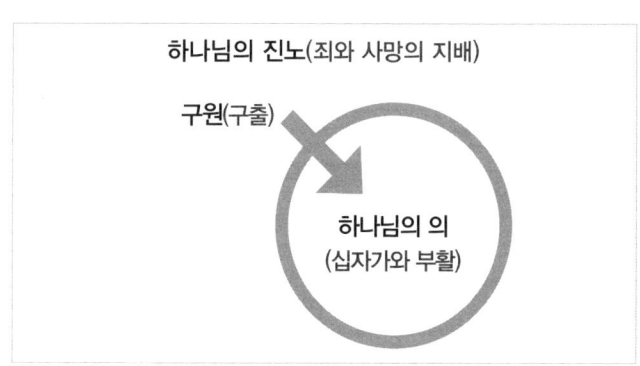

구원이란 하나님의 진노 아래서 하나님의 의 아래로 소속을 옮기는 것을 말한다. 따라서 하나님의 의는 일종의 구원의 방주이자 구조선인 것이다. 하나님의 의는 죄와 사망의 영향력이 미치지 않는, 영적 안전지대(safe zone)다. 예수님의 부활로 사람들은 하나님의 진노를 피해 구원받을 수 있는 길이 열렸다. 죄와 사망의 지배로부터 벗어나 의와 생명을 누릴 수 있는 구원의 영역이 생긴 것이다.

하나님은 하나님의 진노 아래에 있던 사람이 하나님의 의 아래로 들어오면, 그 사람을 의롭다고 선언해 주신다. 이것을 '칭의'(稱義, Justification; 의롭다고 칭해 주는 것)라고 한다. 칭의는 좁은 의미에서 재판장이 죄인에 대해 '죄가 없다'라고 선언해주는 법정 용어다. 즉 하나님이 죄인인 우리를 의롭다고 선언해 주시는 것이다. 넓은 의미에서는 하나님과 새로운 관계가 설정되어 하나님의 백성, 즉 하나님의 자녀가 된 것을 말한다.

예수님은 사람들을 구원하기 위해, 하나님의 의를 만드시기 위해 십자가와 부활의 사역을 하신 것이다. 안타까운 것은, 예수님의 부활을 도외시한 채 예수님의 십자가만을 하나님의 의로 강조한다는 것이다. 이것은 심각한 결과를 가져오는 신학적 편식이다.[14] 편식은 몸에 심각한 영양의 불균형을 가져온다. 마찬가지로 부활을 도외시한 채 십자가만을 강조하는 신학적 편식은 신앙과 삶에 심각한 영향을 미치게 된다. 예수님이 하나님의 의를 마련하신 것은 십자가와 부활이었음을 잊지 말자.

십자가와 부활의 균형을 맞추라는 바울의 권면에 귀를 기울여 보라. 바울은 예수님의 부활이 없었다면 우리는 여전히 죄 가운데 있었을 것이라고 말한다. 즉 부활이 없다면 칭의도 없었을 것이라는 의미다.

> "만일 죽은 자가 다시 살아나는 일이 없으면 그리스도도 다시 살아나신 일이 없었을 터이요 그리스도께서 다시 살아나신 일이 없으면 너희의 믿음도 헛되고 너희가 여전히 죄 가운데 있을 것이요 또한 그리스도 안에서 잠자는 자도 망하였으리니"(고전 15:16~18)

3) 하나님의 의에 참여

예수님이 십자가와 부활을 통해서 이루어 놓으신 '하나님의 의'는 객관적이며 중심적인 구원의 영역이다. 그렇다면 우리는 하나님의 의에 어떻게 참여할 수 있을까? 성경은 믿음으로 하나님의 의에 참여할 수 있다고 말씀한다.

> "네가 만일 네 입으로 예수를 주로 시인하며 또 하나님께서 그를 죽은 자 가운데서 살리신 것을 네 마음에 믿으면 구원을 받으리라"(롬 10:9)

성령님은 하나님의 진노 아래에 있는 죄인 한 사람 한 사람을 하나님의 의로 초대하시고, 하나님의 의로 들어오도록 인도하신다. 구원이란 하나님의 진노에서 하나님의 의로 소속을 옮기는 것이다. 그래서 바울은 우리가 예수님의 십자가는 물론 예수님의 부활을 마음으로 믿을 때에 구원을 받게 된다고 말했다.

정리하면, 모든 인간은 아담의 방식으로 하나님을 떠나 하나님의 진노 아래에 산다. 하지만 하나님은 예수님을 통해 십자가와 부활로 칭의의 기초를 마련하셨다. 이에 예수님은 십자가로 죄를 해결하시고, 부활을 통해 죽음을 이기셨다. 이로써 예수님은 하나님의 의를 이루시고, 새로운 구원의 방주를 마련하신 것이다. 때문에 우리가 새로운 구원의 방주이자 구원의 피난처인 하나님의 의로 들어가려면, 예수님의 십자가와 부활을 믿어야 한다.

2. 새로운 생명

예수님의 부활이 우리에게 주는 두 번째 유익은, 새로운 생명으로 다시 살아나는 것이다. 성경은 새로운 생명으로 다시 태어나는 것을 '거듭남'이라고 말한다. 거듭남이란 '거듭'과 '남'이 합쳐진 표현이다. '거듭'이란 다시 한 번 반복하는 것이며, '남'은 태어나는 것 즉 출생을 의미한다. 그래서 거듭남을 영어로 '본 어게인'(born 태어나다 + again 다시)이라고 하며, 한자어로도 '중생'(거듭 중 重 + 날 생 生)이라고 한다.

1) 두 번째 생일

세상의 모든 사람은 모태로부터 세상으로 나오는 첫 번째 출생을 경험한다. 그리고 첫 번째 출생을 경험한 사람들 중에는 두 번째 출생, 즉 거듭남을 경험하는 사람들이 있다. 성경은 거듭남을 경험한 사람들을 하나님의 자녀라고 한다. 말하자면 하나님의 자녀는 첫 번째 생일과 두 번째 생일을 갖고 있는 사람이다. 물론 두 번째 생일은 생년월일처럼 콕 집어 말할 수는 없다. 하지만 하나님의 자녀에게는 두 번째 생일이 반드시 존재한다.

첫 번째 생일과 두 번째 생일을 스마트폰에 비유해 보자. 스마트폰은 공장에서 첫 번째 생일을 맞이한다. 스마트폰에는 주민등록번호와 같이 자신들의 몸이 태어난 제조년월일이 찍혀 있다. 하지만 스마트폰이 공장에서 첫 번째 생일을 맞이했다고 스마트폰의 다양한 기능을 할 수 있는 것이 아니다. 스마트폰은 반드시 두 번째 생일을 거쳐야 진정한 스마트폰이 된다. 스마트폰이 거듭나는 날은 개통일이다. 개통일에 스마트폰은 포장용 상자에서 나와 배터리를 장착하고 온 몸에 새로운 기운을 얻는다. 그리고 유심(USIM, 범용가입자식별모듈) 카드를 장착하고 통신회사에 등록을 시킨 후 전자파를 받게 된다. 그러면 인터넷을 통해 온갖 정보와 기능들이 스마트폰에 흘러 들어온다. 스마트폰은 개통이라는 거듭남을 통해서 비로소 스마트폰으로서의 기능을 하게 되는 것이다.

2) '거듭난다'는 것

성경은 조금은 야박하지만, 거듭나지 않은 사람에 대해 살아있으나 죽은 자라고 표현한다(딤전 5:6; 마 8:22; 요 11:25; 엡 5:14). 거듭나지 않은 사람은 하나님과 단절되어 있기에 영적인 죽음,

즉 영적인 사망 상태에 머물러 있다는 것이다. 하지만 거듭난 사람은 하나님과의 관계가 회복된다. 하나님과 연결되고 소통이 되는 것이다. 때문에 거듭난 사람은 하나님이 주시는 하늘에 있는 좋은 것들(은혜, 은사)을 받아 누릴 수 있다. 거듭난 사람은 하나님이 주시는 생명을 누리며 날마다 새로워진다. 거듭남과 관련된 유명한 대화가 있다. 예수님과 니고데모 간의 대화이다.

니고데모는 똑똑하고 배운 사람이었다. 그는 바리새인이었으며, 산헤드린 공의회원이었다. 유대인들의 최고 재판기관의 재판관이었던 것이다. 예수님은 밤중에 찾아온 니고데모에게 거듭나지 아니하면 하나님 나라를 볼 수 없다고 하셨다.

> "예수께서 대답하여 이르시되 진실로 진실로 네게 이르노니 사람이 거듭나지 아니하면 하나님의 나라를 볼 수 없느니라"(요 3:3)

그러자 니고데모는 사람이 어떻게 거듭날 수 있냐고 물었다. 당연한 질문이었다. 다 자란 사람이 어떻게 다시 어머니 뱃속에 들어갔다가 나올 수 있을지에 대한 반문이었다. 이에 대해 예수님은, 거듭나는 것은 니고데모가 상상하는 육체적인 출생이 아닌 영적인 출생이라고 대답하셨다. 마치 바람이 눈에 보이지는 않지만 소리가 있고 운동력이 있는 것처럼, 거듭남은 눈에 보이지 않지만 영적으로 일어나는 영적인 운동이며 현상이라고 설명하셨다. 어머니의 모태를 통해서 육체적 출생을 하듯, 우리의 영도 하나님을 통해서 영적인 출생을 해야 한다는 의미다.

3) 하나님의 낳음

예수님의 동생 야고보가 기록한 야고보서 1장 18절은 하나님이 우리를 낳으셨다는 표현을 사용했다. 낳으셨다고 번역된 헬라어 원문 '아페퀴에센'(ἀπεκύησεν)은 여성이 자신의 몸에 태아를 잉태할 때부터 산고를 통해 출산할 때까지의 모든 과정을 말한다. 야고보는 하나님도 하나님의 자녀 한 사람 한 사람을 낳으신다고 은유적으로 표현하였다. 그래서 미국의 저명한 목회자이며 신학자인 존 파이퍼(John Piper)도 하나님이 그분의 자녀들을 낳으신다고 표현하였다.[15]

엄마가 한 명의 아이를 낳으려면 여러 과정을 거쳐야 하듯이, 하나님도 하나님의 자녀를 낳으시기 위해 여러 과정을 베풀어 주셨다. 성부 하나님은 엄마가 사랑으로 태아를 잉태하듯이 이 세상이 창조되기 이전부터 하나님의 자녀 한 사람 한 사람을 마음에 품으셨다. 성자 예수님은 하나님의 자녀가 다시 태어나기 위해서 성육신과 십자가와 부활의 과정을 겪으셨다. 성령 하나님도 보이지 않는 곳에서 수많은 일들을 하신다. 특히, 예수님의 십자가와 부활은 우리가 하나님의 자녀로 거듭나는 데 있어서 가장 중요한 핵심 중의 핵심이다.

4) 본질상 진노의 자녀

바울은 에베소 교회에 쓰는 편지에서 예수님의 부활과 거듭남을 연결시켰다. 바울은 거듭나지 않은 사람에 대해서 신랄하게 묘사하였다.

> "그는 허물과 죄로 죽었던 너희를 살리셨도다 그 때에 너희는 그 가운데서 행하여 이 세상 풍조를 따르고 공중의 권세 잡은 자를 따랐으니 곧 지금 불순종의 아들들 가운데서 역사하는 영이라 전에는 우리도 다 그 가운데서 우리 육체의 욕심을 따라 지내며 육체와 마음의 원하는 것을 하여 다른 이들과 같이 본질상 진노의 자녀이었더니 긍휼이 풍성하신 하나님이 우리를 사랑하신 그 큰 사랑을 인하여 허물로 죽은 우리를 그리스도와 함께 살리셨고(너희는 은혜로 구원을 받은 것이라)"(엡 2:1~5)

거듭나지 않은 사람은 허물과 죄로 죽은 상태, 즉 영적으로 죽어 있는 상태이다. 때문에 거듭나지 않은 사람, 하나님과 단절되어 있는 사람은 세 가지를 따라 살아간다. **첫째, 사탄을 따라 살아간다.** 사탄은 공중의 권세 잡은 자이며, 불순종의 아들들 가운데서 역사하는 영이다(엡 2:2). **둘째, 육체와 마음이 원하는 것을 따라 살아간다**(엡 2:3). 사람에게는 다양한 육체와 마음의 욕구가 있다. 욕구 자체가 나쁜 것은 아니다. 욕구는 하나님이 주신 것이다. 하나님께서 인간이 행동할 수 있도록 허락하신 것이다. 먹고 싶은 욕구가 없다면, 생존에 필요한 영양소를 섭취할 수 없다. 성적인 욕구가 없다면, 생육하고 번성할 수가 없다. 하지만 육체와 마음의 욕구만을 따라 살아가는 것은 진정한 인간의 모습이 아니다. **셋째, 세상 풍조를 따라 살아간다**(엡 2:3). 세상 풍조는 사탄과 사람이 합작하여 만들어 낸 하나님 없는 문화다.

어떤 이는 거듭나지 않은 사람을 자연인이라고 표현한다. 자연인이라는 표현이 맞다면, 자연인은 언덕 위에 세워놓은 수레와 같다. 그 수레는 가만히 놓아두면 중력에 의해 언덕 아래로 곤두박질친다. 자연인은 사탄과 세상과 욕심이라는 영적 중력의 법칙에 의해 하나님을 계속해서 등질 수밖에 없는 것이다. 하지만 사랑의 하나님은 본질상 진노의 자녀들 가운데서 하나님의 자녀를 사랑으로 품으시고, 예수님을 통해서 거듭나게 하신다. 하나님은 허물과 죄로 죽어 있는 사람들을 그리스도와 함께 다시 살리신다. 할렐루야!

5) 신비로운 연합

여기서 우리는 '그리스도와 함께 다시 살리신다'는 의미에 집중해 살펴보자. 바울은 로마서 6장에서 그리스도와 함께 죽고 함께 살아나는 신비로운 연합을 집중적으로 다룬다.

거듭난 자는 2천 년 전 예수님이 죽어 장사될 때 예수님과 연합하여 함께 죽고 함께 장사가 된다. 예수님이 십자가에 못 박히실 때 우리의 옛 사람도 함께 못 박힌 것이다(롬 6:6). 예수님이 죽으시고 무덤에 장사되셨을 때 우리의 옛 사람도 함께 죽고 함께 장사되었다. 본질상 진노의 자녀인 우리의 옛 사람이 예수님의 십자가와 함께 죽은 것이다. 그리고 예수님이 2천 년 전에 부활하실 때 우리도 새 사람으로 부활했다. 우리는 예수님의 부활과 함께 새 사람으로 다시 태어난 것이다. 우리는 예수님의 부활과 연합하여 예수님의 부활과 같은 모양으로 거듭났다. 이것은 매우 중요한 개념이다.

예수님의 부활과 연합하여 다시 태어난 우리는 이제 더 이상 옛 사람의 방식으로 살아가는 사람이 아닌 새 사람의 방식으로 살아가는 새로운 존재가 되는 것이다. 예수님의 부활을 통해서 진노의 자녀가 하나님의 자녀로 다시 태어나게 된 것이다. 그래서 바울은 이렇게 말한다.

> "이와 같이 너희도 너희 자신을 죄에 대하여는 죽은 자요 그리스도 예수 안에서 하나님께 대하여는 살아 있는 자로 여길지어다"(롬 6:11)

베드로도 예수님의 부활과 거듭남을 연결시켜 설명하였다. 베드로는 로마제국의 소아시아(오늘날의 터키) 내륙의 성도들에게 편지를 썼다. 베드로는 편지 서두에서 하나님을 찬송하면서 하나님께서 예수 그리스도를 죽은 자 가운데서 부활시키신 것을 찬송했다. 그러면서 예수님의 부활이 베드로 자신과 소아시아 성도들을 거듭나게 했다고 선포했다.

> "우리 주 예수 그리스도의 아버지 하나님을 찬송하리로다 그의 많으신 긍휼대로 예수 그리스도를 죽은 자 가운데서 부활하게 하심으로 말미암아 우리를 거듭나게 하사 산 소망이 있게 하시며"(벧전 1:3)

예수님은 죽은 자 가운데서 부활하셨다. 예수님은 죽음을 이기신 것이다. 하나님은 부활하신 예수님에게 하늘과 땅의 모든 권세를 주셨다. 권세(엑수시아, ἐξουσία)란 예수님의 뜻대로 하늘과 땅의 모든 것을 움직일 수 있는 권한과 힘을 말한다. 부활하신 예수님은 새로운 생명력을 가지신 것이다. 예수님은 세상의 모든 죄를 뒤집어쓰신 채 십자가 위에서 죽으신 분으로 끝나지 않으셨다. 예수님은 사망의 권세를 이기시고 부활하셔서 하나님으로부터 새로운 생명의 권세를 얻으셨다. 그리고 부활하신 예수님은 자신과 연합하는 모든 그리스도인들에게 그 새로운 생명을 나누어 주신다. 자연인에서 그리스도인으로 거듭난 자들도 부활하신 예수님으로부터 새로운 생명을 얻게 된다. 예수님은 자신과 연합될 모든 사람을 위해서 부활하신 것이다.[16]

이처럼 예수님의 동생 야고보와 사도 바울 그리고 예수님의 제자 베드로 등 모든 신약성경의 기록자들이 우리가 예수님의 부활의 능력으로 말미암아 새로운 생명으로 다시 태어났다고 말씀한다. 예수님의 부활은 우리를 하나님의 자녀로 다시 태어나게 함으로 새로운 생명 안에서 살도록 만들어 준다. 예수님의 부활은 사망 가운데 살고 있던 우리를 죽이시고 새로운 생명으로 다시 태어나게 하셨다.

5장

나의 부활

1. 예수 부활, 나의 부활

앞장에 이어, 예수님의 부활이 우리에게 주는 세 번째 유익에 대해서 살펴보자. 예수님의 부활은 우리의 부활에 대한 확실한 보증이 된다. 우리가 어떤 제품을 사면 그 제품과 함께 품질보증서를 받는다. 품질보증서는 일정 기간 내, 제품에 이상이 생길 경우 무상으로 수리해 주겠다는 약속의 증서이다. 만약 품질보증 기간 중 제품에 고장나면, 우리는 품질보증서를 근거로 정당하게 수리를 요구할 수 있다. 예수님의 부활은 하나님이 우리에게 발행해 주신 부활 보증서와 같다. 하나님은 나의 부활을 약속하셨고, 그 약속의 증서로 예수님의 부활을 보여주신 것이다.

1) 부활의 첫 열매

> "그러나 이제 그리스도께서 죽은 자 가운데서 다시 살아나사 잠자는 자들의 첫 열매가 되셨도다"(고전 15:20)

바울은 예수님의 부활이 잠자는 자들의 첫 열매라고 표현했다. 첫 열매란 처음 익은 곡식이나 과일을 말한다. 어떤 나무에서 처음으로 열린 첫 열매를 보면 그 나무가 어떤 나무인지 알 수 있다. 왜냐하면 첫 열매를 뒤따라 열리는 나중 열매도 첫 열매와 같은 열매가 맺히기 때문이다. 첫 열매와 나중 열매가 다를 수는 없다. 첫 열매가 포도인데, 그 다음 열매가 사과일 수는 없다. 마찬가지로 예수님의 부활은 마지막 날에 있을 우리의 부활을 미리 보여주는 본보기이자 샘플이다.

1장에서 이미 살펴보았듯, 성경에는 단순히 죽었다가 다시 살아난 소생의 경험을 한 사람들이 있다. 그들은 소생한 후 얼마 동안을 살다가 다시 잠들었다. 그러나 예수님은 죽었다가 다시 살아난 이후 죽지 않고 영원히 살아 계신다. 예수님은 이러한 면에서 진정한 부활의 첫 사례이자 첫 본보기가 되신다.

더불어 예수님의 부활은 영광스러운 부활의 첫 본보기가 되신다. '영광스러운 부활'이란 부활 이전과 부활 이후가 완전히 다른 차원으로 변하는 부활을 뜻한다. 예수님의 부활이 영광스러웠듯, 장차 있게 될 나의 부활도 영광스러울 것이다. 마지막 날이 되면, 나도 예수님처럼 부활하게 될 것이다.

2) 나는 언제 부활하나?

그렇다면 나는 언제 예수님처럼 부활하게 되는가? 바울은 마지막 나팔에 순간에 홀연히 다 변화할 것이라고 말한다.

> "보라 내가 너희에게 비밀을 말하노니 우리가 다 잠 잘 것이 아니요 마지막 나팔에 순식간에 홀연히 다 변화되리니 나팔 소리가 나매 죽은 자들이 썩지 아니할 것으로 다시 살아나고 우리도 변화되리라"(고전 15:51~52)

마지막 나팔 소리가 날 때란 예수님이 재림하시고 새 하늘과 새 땅이 등장하는 때이다. 구약성경에서 나팔소리는 성대한 잔치나 특별한 사건들의 시작을 알릴 때 사용되었다. 요한계시록 11장에서는 구약성경의 나팔소리 이미지를 빌려와 재림의 때가 시작됨을 상징했다(계 11:15).

예수님이 재림하실 때에는 잠자는 자, 즉 이미 죽은 자들도 있을 것이고 아직 죽지 않고 생존해 있는 자들도 있을 것이다. 바울은 예수님이 재림하신 시점에 살아 있는 자들이나 이미 죽은 자들이 다 변화될 것이라고 말한다. 특히 예수님이 재림하실 때 생존해 있는 자들은 죽음을 맛보지 않고 변화될 것이라는 점이 흥미롭다. 죽음을 경험하지 않은 채 영원히 살 수 있는 부활체로 변화된다는 것이다.[17]

특히 바울은 데살로니가전서 4장 13~18절에서는 예수님이 재림하실 때에 이미 죽은 신자들의 부활에 대해서 자세하게 설명했다. 예수님이 재림하실 때 예수님이 호령을 하신다고 한다. '호령'이란 소리치면서 명령하는 것이다. 마치 전군 사령관이 백만대군을 지휘하는 명령을 내리듯이 재림하시는 예수님의 모습은 위풍당당할 것이다. 아마도 그 호령은 죽은 사람들을 부활시키는 부활의 명령일 것이다. 아마도 이런 호령이지 않을까 싶다. "잠자는 사람들아, 모두 부활하라!"

> "주께서 호령과 천사장의 소리와 하나님의 나팔 소리로 친히 하늘로부터 강림하시리니 그리스도 안에서 죽은 자들이 먼저 일어나고"(살전 4:16)

재림하시는 예수님의 호령과 함께 천사장이 일사불란하게 움직일 것이다. 그리고 천사들은 주님의 재림과 부활을 알리는 나팔을 불 것이다. 그러면 그리스도 안에서 죽은 자들이 부활할 것이다. 그런데 흥미로운 부분은 데살로니가전서 4장 14절에서 예수님이 재림하실 때 예수 안에서 자는 자들, 즉 먼저 죽은 신자들을 함께 데리고 오신다는 표현이다.

> "우리가 예수께서 죽으셨다가 다시 살아나심을 믿을진대 이와 같이 예수 안에서 자는 자들도 하나님이 그와 함께 데리고 오시리라"(살전 4:14)

뭔가 두 가지 그림의 앞뒤가 안 맞아 보인다. 하늘에서는 죽은 신자들이 재림하시는 예수님과 함께 오는 광경이 펼쳐진다. 그런데 땅에서는 예수님의 호령에 죽은 신자들이 일어난다. 곰곰이 생각해 보면, 두 그림은 서로 상반된 그림이 아니라 마지막 부활 때에 나타나는 하늘의 그림과 땅의 그림의 조화라고 해석할 수 있다. 즉 예수님이 재림하시는 날에는 하늘은 새 하늘로 변화되고 땅은 새 땅으로 변화된다. 예수님을 믿는 우리만 변화되는 것이 아니라 하늘도 변화되고 땅도 변화되는 것이다. 여기서 하늘이란 구름이 떠다니는 대기권이 아니라 시간과 공간을 초월하는 하나님의 영역을 말한다. 땅은 온 우주를 포함하는 시간과 공간의 영역을 말한다. 기존의 하늘과 땅의 영역이 완전히 새로운 차원의 창조로 변화되는 그림이 펼쳐질 것이며, 그 변화 속에서 모든 신자들도 부활을 경험하게 될 것이다.

3) 나는 어떤 몸으로 부활하나?

고린도전서 15장 42~54절에서 바울은, 우리가 마지막 날에 부활할 때 우리의 몸이 어떤 모습으로 다시 살게 될 것인지에 대해 부활 이전과 부활 이후를 여러 가지 측면에서 비교해 놓았다. 우리는 온 우주의 마지막 날에 마지막 나팔이 불어지면 갑자기 다 변화될 것이다. 바울이 언급했던 부활 이후의 모습은 이미 예수님이 부활을 통해 보여주셨던 모습이다.

부활 이전 (현재의 몸)	고린도전서 15장	부활 이후 (미래의 몸)
썩을 것	42절	썩지 아니할 것
욕된 것	43절	영광스러운 것
약한 것	43절	강한 것
육의 몸	44절	신령한 몸, 영의 몸
흙에 속한 자	47절	하늘에 속한 자
죽을 것	53절	죽지 아니할 것

모든 사람의 현재의 몸은 노화되고 병들며 부패되고 썩어간다. 바울은 사람들의 현재의 몸은 비천하고 약한 육의 몸이라고 했다. 현재의 몸은 흙(시간과 공간)에 속하여 세상에서 적응하며 살도록 설계되어 있다. 하지만 부활 이후의 몸은 완전히 달라질 것이다. 미래의 몸은 썩지 않을 것이며 영광스럽고 강한 모습으로 새롭게 창조될 것이다. 부활의 몸은 시간과 공간을 초월하는 새 하늘에서 살 수 있도록 새롭게 설계된 몸이다. 부활의 몸은 하나님의 영이 지배하는 새로운 몸으로, 부패하지 않고 변형되지 않으며 영원히 죽지 않을 것이다.

우리는 바울이 고린도전서 15장에서 말한 "신령한 몸"에 대해 종종 오해한다. 신령한 몸을 육의 몸과 대조시키는 것은 바울의 의도와 맞다. 하지만 신령한 몸을 육체가 없는 비육체적인 몸, 혹은 영혼만 존재하는 몸으로 생각하는 것은 엄청난 오해다. 그것은 바울의 의도가 아니다. 바울이 육의 몸과 신령한 몸을 비교할 때 사용한 헬라어 형용사는 '프시키코스'(ψυχικός)와 '프뉴마티코스'(πνευματικός)이다. 두 형용사의 어미는 '~이코스'(ικός)로 동일하게 끝난다. '~이코스'는 어떤 사물을 움직이게 하는 힘이나 에너지를 표현할 때 붙이는 어미이다.[18] 즉 '육의 몸'(프시키코스)은 육체의 힘과 에너지에 의해서 움직이는 몸이라는 뜻이고, '신령한 몸'(프뉴마티코스)은 새로운 생명의 힘과 에너지에 의해서 움직이는 몸이라는 뜻이다. '~이코스'(ικός)는 사물이 만들어진 재료를 설명하는 어미가 아니다. 육의 몸은 육체로 구성된 몸이고 신령한 몸은 영으로만 구성된 몸이라고 이해하는 것은 엄청난 실수이다.

육의 몸과 신령한 몸을 비교하는 것은 나무로 만든 배와 철로 만든 배를 비교하는 것이 아니다. 육의 몸과 신령한 몸을 비교하는 것은 사람들이 노를 저어서 움직이는 배와 석탄이나 석유를 태워서 얻은 전기로 움직이는 배를 비교하는 것이다. 현재 우리의 몸은 육체의 힘과 에너지로 움직이거나 살아가는 육의 몸이다. 육의 몸은 바울이 말한 대로 썩고 욕되며 약하고 죽을 몸이다. 하지만 신령한 몸은 다르다. 썩지 않고 영광스러우며 강하고 죽지 않는 몸이다.

4) 나는 왜 부활해야 하나?

'나는 왜 부활해야 하나?' 뜬금없는 질문일 것이다. 하지만 이 질문은 한 번쯤 깊이 묵상해 볼 문제이다. 정답부터 말하자면, 부활 이전의 몸인 현재의 몸으로는 새 하늘과 새 땅에서 살 수 없기 때문이다. 새 하늘과 새 땅이라는 새롭게 창조된 새 환경 가운데서 영원히 살기 위해서는 새로운 몸으로 새 창조되는 것이 필수적인 것이다. 그래서 우리는 부활해야 하는 것이다.

하나님은 태초에 천지, 즉 하늘과 땅을 창조하셨다(창 1:1).

하늘은 시간과 공간을 초월한 영역이다. 즉 사도 바울이 셋째 하늘이라고 표현했던 영역이다. 땅은 시간과 공간의 지배를 받는 우주와 대기권과 지구를 포함하는 영역이다. 예수님께서 재림하실 때 처음 하늘과 처음 땅은 새롭게 창조될 것이다.

"또 내가 새 하늘과 새 땅을 보니 처음 하늘과 처음 땅이 없어졌고 바다도 다시 있지 않더라"(계 21:1)

예수님이 재림하실 때에 이루어질 새 하늘과 새 땅의 성격에 대해서는 두 가지 견해가 있다. 첫째는 기존의 처음 하늘과 처음 땅을 고쳐서 새롭게 하는 '갱신'(更新)이라는 견해이다. 둘째는 기존의 처음 하늘과 처음 땅을 모두 제거하고 다시 새로운 세상을 만드는 '재창조'(再創造)라는 견해이다.[19] 이 두 가지 견해 중에 갱신이라는 측면이 더 설득력 있어 보인다. 요한계시록 21장 5절에 나오는 하나님의 말씀 때문이다.

"보좌에 앉으신 이가 이르시되 내가 만물을 새롭게 하노라"(계 21:5)

만물을 새롭게 한다는 것은 만물을 다시 창조한다는 의미가 아니다. 기존의 만물을 새롭게 한다는 의미다. 즉 고쳐서 새롭게 한다는 갱신의 개념이다. 특히 새 하늘과 새 땅은 하늘과 땅이 만나 서로 신비롭게 융합되는 것이다. 시간과 공간의 벽이 무너지고 하늘과 땅이 하나가 되는 것이 새 하늘과 새 땅이다. 특히 새 하늘과 새 땅에는 바다가 없어질 것이다. 바다는 요한계시록 13장에서 설명되었듯 무질서와 혼돈의 상징이며, 이 바다로부터 용이 나오는데 여기서 용은 사탄이다. 하지만 새 하늘과 새 땅에는 바다가 없을 것이다. 더 이상 무질서와 혼돈이 없다는 의미다. 무질서와 혼돈에 의해 생겨난 눈물, 사망, 애통, 애곡, 고통 등도 모두 사라질 것이다(계 21:4). 저주도 사라지고, 밤도 사라진다.

새 하늘과 새 땅은 부활한 우리가 영원히 살아갈 영역이다. 예수님이 재림하시면 우리는 부활하여 부활체로 새 창조될 것이며, 하늘과 땅은 새 하늘과 새 땅이 될 것이다. 분명히 해야 할 것은, 새 하늘과 새 땅은 현재에 이루어진 영역이 아니라 미래의 시점에서 이루어지게 될 일이다. 즉 우리가 부활체로 영원히 살아가야 할 곳은 새 하늘과 새 땅이다.

2. 죽음과 부활 사이

위에서 우리는 부활의 첫 열매이신 예수님처럼 부활할 것이라는 점을 알게 되었다. 그리고 언제 부활하며 어떤 모습으로 부활하고 왜 부활해야 하는지에 대해서도 정리했다. 그런데 나의 부활에 대한 문제를 정리하면서 반드시 짚고 넘어가야 할 까다로운 질문이 하나 더 있다. 만약 예수님이 재림하시기 전에 우리가 죽는다면, 우리는 어떻게 되는 것인가 하는 질문이다. 우리는 죽음의 시점부터 재림의 시점까지 어디에서 어떤 존재로 있게 되는 것일까?

아쉽지만 성경은 이 질문에 대해서 사이다처럼 시원하게 대답해 주지 않는다. 그리고 살짝살짝 보여주는 그림들은 파편처럼 흩어져 있어서 하나의 맥을 잡기도 힘들다. 우리가 할 수 있는 일은, 성경에서 보여주는 만큼만 아는 것이다. 이 장을 마무리하기 전, 성경에는 사람이 죽은 후에 가는 곳에 대해 표현된 대표적인 몇 가지 표현들을 정리해 보고자 한다.

1) 낙원

낙원은 히브리어로는 '파르데스'(פַּרְדֵּס)이며, 헬라어로는 '파라데이소스'(παράδεισος)이다. 둘 다 페르시아어 '파이리다에자'에서 빌려왔다. 구약성경에서 사용된 파르데스는 종교적인 의미가 없는 정원, 동산, 삼림 등의 뜻으로 사용되었다. 구약성경에서 낙원은 아름다움, 기쁨, 안식의 장소였으며 아담과 하와에게는 에덴이 파르데스(낙원)였다. 하지만 신약성경에서

딱 3번 사용된 파라데이소스는 종교적인 의미가 담겨 있는 장소로 사용되었다. 신약성경에서는 예수님과 바울이 낙원이라는 표현을 사용했다.

예수님이 십자가에 달리실 때 두 사람의 사형수도 함께 십자가에 달렸다. 두 사형수는 로마법을 어기고 악한 생활을 해 오던 사람들이었다. 그들은 십자가형을 받고 자신의 삶을 마무리하게 되었다. 그런데 두 범죄자 중 한 사람이 죽음을 눈앞에 둔 시점에 예수님께 돌아왔다. 십자가 위에서 예수님에 대한 믿음을 발견하고 예수님과 하나님의 나라에 대한 확신을 갖게 되었다. 그리고 자신을 예수님께 부탁했다. 그때 예수님은 그 범죄자에게 낙원을 약속하셨다.

> "예수께서 이르시되 내가 진실로 네게 이르노니 오늘 네가 나와 함께 낙원에 있으리라 하시니라"(눅 23:43)

특히 예수님은 그 범죄자와 함께 낙원에 이르는 시점에 대해서 "오늘"(σήμερον, 쎄메론)이라고 말씀하셨다. 만약 오늘을 문자적으로 해석한다면 3~4시간 안에 낙원에 가게 될 것을 예고하신 것이다. 왜냐하면 유대인의 하루는 해가 질 때 끝나는

데, 예수님은 금요일 오후 3시에 운명하셨기에 남은 시간은 3~4시간밖에 없었다. 예수님이 그 범죄자에게 하신 약속만 본다면, 예수님은 약 40시간 후인 주일 새벽 부활하실 때까지 낙원에 계셨던 것이다. 물론 사도신경 원문에서 고백하는 음부에 내려갔다가 오는 시간도 이 시간 안에 포함되어야 한다.

예수님은 1세기 에베소 교회의 사자에게도 낙원을 약속하셨다. 예수님은 이기는 자에게 낙원에 있는 생명나무의 열매를 주어 먹게 하겠다고 약속하셨다.

> "귀 있는 자는 성령이 교회들에게 하시는 말씀을 들을지어다 이기는 그에게는 내가 하나님의 낙원에 있는 생명나무의 열매를 주어 먹게 하리라"(계 2:7)

생명나무의 열매는 문자적으로 실제로 존재하는 것이 아니다. 생명나무의 열매는 생명으로 충만한 하나님의 임재를 지속적으로 체험한다는 의미다.[20] 생명나무는 구약시대의 에스겔 선지자가 했던 종말적인 약속의 핵심이었으며(겔 47:12), 하나님께서 주시는 영원한 생명의 상징이었다. 예수님이 말씀하신 낙원은 영원한 생명을 누릴 수 있는 존재 영역이라고 할 수 있다.

마지막으로, 낙원이 사용된 본문은 바울이 고린도 교회 성도들에게 자신의 체험을 소개할 때 사용하였다.

> "그가 낙원으로 이끌려 가서 말로 표현할 수 없는
> 말을 들었으니 사람이 가히 이르지 못할 말이로다"
>
> (고후 12:4)

바울은 자신이 낙원으로 이끌려 가서 말로 표현할 수 없는 말을 들었다고 한다. 바울은 자신이 낙원으로 이끌려 갔을 때 자신이 몸 안에 있었는지, 몸 밖에 있었는지 알 수 없다고 두 번이나 말했다(고후 12:2, 3) 바울이 이러한 표현을 쓴 것은 그리스 철학에 영향을 많이 받고 있었던 고린도 교회 성도들을 의식한 표현이다. 당시 대부분의 헬라인들은 인간은 죽음 이후에 불멸의 영혼으로 살아간다고 믿었다. 그리고 불멸하는 영혼은 새로운 육체를 원하지만 가질 수는 없으며, 육체가 없는 영혼의 상태가 훨씬 더 좋은 것이라고 생각했다. 플라톤의 이데아 사상은 이런 헬라인들의 영혼불멸사상을 잘 정리해 놓은 것이다. 고린도 교회 성도들 역시 부활을 영혼불멸사상으로 왜곡되게 이해하고 있었다. 그래서 바울은 자신이 낙원을 체험할 때 몸을 가진 영혼이 함께 체험했을 가능성을 열어둔 것이다.

종합해 보면, 신약성경에서 표현된 낙원은 예수님을 믿는 자가 가는 곳이며 믿음으로 이기는 자들이 가는 곳이다. 하지만 정확하게 해둘 것은 낙원에 가 있는 자들이 부활한 것은 아니라는 사실이다. 낙원에 있는 자들도 예수님이 재림하시는 날에 예수님과 같은 부활체로 변하게 될 것이다.

2) 셋째 하늘

바울은 고린도후서 12장 2절에서 낙원을 '셋째 하늘'이라고 말한다.

> "내가 그리스도 안에 있는 한 사람을 아노니 그는 십사 년 전에 셋째 하늘에 이끌려 간 자라 (그가 몸 안에 있었는지 몸 밖에 있었는지 나는 모르거니와 하나님은 아시느니라)" (고후 12:2)

바울 당시의 사람들은 하늘이 여러 개의 하늘로 이루어져 있다고 생각했다. 어떤 이들을 세 개의 하늘들로 생각했고, 어떤 이들은 일곱 개의 하늘들로 이루어져 있다고 생각했다. 바울은 삼중 하늘의 개념을 채택했다.[21] 첫째 하늘은 지구의 대기권(sky)을 말하고, 둘째 하늘은 모든 별들의 하늘인 우주(space)를 말한다. 그리고 셋째 하늘은 두 하늘을 초월하는 하나님이 계신 곳(heaven)을 뜻한다. 바울이 경험한 셋째 하늘은 에스겔 선지자(겔 11:24)나 사도 요한(계 4:1~2)이 경험했던 하나님이 계신 하늘 보좌와 같은 곳이다.

셋째 하늘은 사도 요한이 요한계시록에서 본 하늘과 동일한 곳이다. 요한은 하늘의 열린 문을 통해 하늘의 보좌를 보았고, 보좌 주변에 있는 이십사 장로(계 4:10), 인침을 받은 십사만 사천(계 7:4), 흰 옷 입은 자들(계 7:14), 하늘의 허다한 무리(계 19:1) 등을 보았다. 하늘은 시간과 공간의 지배를 받는 우주의 어떤 곳이 아닌 시공을 초월한 하나님의 통치 영역을 말한다.

3) 더 나은 본향

히브리서 기자는 히브리서 11장에서 수많은 믿음의 사람들을 소개하면서, 그들은 "더 나은 본향"을 사모하면서 믿음으로 살았다고 말했다.

> "그들이 이제는 더 나은 본향을 사모하니 곧 하늘에 있는 것이라 이러므로 하나님이 그들의 하나님이라 일컬음 받으심을 부끄러워하지 아니하시고 그들을 위하여 한 성을 예비하셨느니라"(히 11:16)

히브리서 기자는 더 나은 본향은 하늘에 있는 것이라고 했다. 또한 하나님이 믿음의 사람들을 위해서 예비하신 성(πόλις, 폴리스, 도시)이다. 히브리서 11장에 나오는 믿음의 사람들은 땅 위에서 죽음 직전까지 최선을 다해 믿음으로 살기 위해 힘쓰고 애를 썼다. 그들은 비록 땅 위에서 살지만, 땅에 속한 사람이 아닌 하늘에 속한 사람으로 살았다. 그들은 땅이 목적이 아닌 하늘의 도시가 삶의 목적지였다.

히브리서 기자가 말한 더 나은 본향이 낙원과 같은 곳인지 아닌지는 명확하게 나와 있지는 않다. 하지만 히브리서 12장 1절을 보면, "구름 같이 둘러싼 허다한 증인들"이 가 있는 곳임은 명확하다.

4) 내 아버지 집

제자들은 예수님의 수난 예고 때문에 근심이 가득했다. 예수님은 마음에 근심하는 제자들에게 하나님과 예수님을 믿으라고 하시면서 하나님 아버지의 집을 소개해 주셨다. 예수님은 제자들보다 하나님 아버지의 집에 먼저 가서 제자들을 위한 거처를 예비할 것이라고 하셨다. 그리고 예수님은 제자들에게 다시 와서 제자들을 하나님 아버지의 집에 있는 거처로 옮기게 할 것이라고 했다.

"내 아버지 집에 거할 곳이 많도다 그렇지 않으면

너희에게 일렀으리라 내가 너희를 위하여 거처를
예비하러 가노니 가서 너희를 위하여 거처를 예비
하면 내가 다시 와서 너희를 내게로 영접하여 나 있
는 곳에 너희도 있게 하리라"(요 14:1~2)

예수님이 말씀하신 하나님 아버지 집에 있는 거처가 어디를 말하느냐에 대해서는 전통적인 해석과 최근의 해석에 대한 의견을 달리한다. 전통적인 해석은 예수님이 부활 승천하신 후 하늘로 올라가서 새 하늘과 새 땅을 준비하신 후에 재림하셔서 제자들에게 주신다는 해석이다. 하지만 최근 신약학자들은 "거처"가 하늘에 있는 숙박시설과 같은 곳이 아닌 그리스도 자신이라고 해석한다. 아버지의 집은 그리스도와 교회이며, 신자들은 현세에서도 그 집에 거할 수 있다고 보는 것이다. 즉 예수님은 십자가와 부활을 통해 아버지의 집을 만드시고, 부활하신 예수님이 다시 제자들을 찾아오셔서 그리스도 안(아버지의 집, 하나님의 신성)[22]에 거하게 하시는 것이라고 말한다. 예수님이 거할 곳이 많다고 하신 것도 그리스도의 몸인 교회 공동체 안에 많은 성도들이 들어오게 될 것을 미리 말씀하신 것이라고 해석한다. 하지만 전통적인 해석이나 최근의 해석이나 모두 복음에는 벗어나지는 않는다.

5) 천국

한글 개역개정 성경에서 천국이라는 표현은 총 37번이나 사용되었다. 그중 마태복음에서만 36번이 사용되고, 디모데후서 4장 18절에서 1번만 사용된 이유가 있다. 천국은 '하나님의 나라'를 마태복음만의 방식으로 표현한 것이기 때문이다. 마태복음은 유대인들을 대상으로 쓰여진 복음서다. 유대인들은 '하나님'이라는 호칭을 입으로 말하거나 읽거나 쓰기를 꺼려했다. 그래서 마태는 유대인들이 하는 방식대로 하나님의 대체어인 하늘을 사용했다.[23] 즉 하나님을 하늘로 바꾸어 하나님의 나라를 하늘 나라, 즉 '천국'이라는 표현으로 대체해서 사용한 것이다. 따라서 마태복음에 나오는 천국(하늘 나라)은 다른 복음서와 신약성경 전체에서 말하는 하나님 나라의 개념으로 이해해야 한다.

6) 아브라함의 품

누가복음 16장 19~31절에 나오는 부자와 거지 비유는 예수님이 직접 말씀하신 비유다. 이 비유에서 거지와 부자 모두 죽는다. 거지는 천사들에게 받들려 아브라함의 품에 들어가지만, 부자는 음부에서 불꽃 가운데 고통을 당한다. 아브라함의 품과 음부 사이에는 큰 구렁텅이가 존재한다. 비유 속에서는 부자의 아버지와 형제들이 현세에 살아 있기 때문에 아직 예수님의 재림 이전이라고 추측할 수 있다. 때문에 예수님이 말씀하신 아브라함의 품은 낙원과 같은 뜻일 가능성이 많다.

7) 연옥(煉獄, purgatory)

연옥은 로마 가톨릭만의 교리이다. 개신교나 동방정교회는 믿지 않는다. 연옥은 중세 후기에 리옹 공의회, 피렌체 공의회, 트리엔트 공의회 등을 통해 발전된 교리이다. 신자 중에는 구원의 은총을 받아서 죽어 마땅한 죄는 사함을 받았으나 가벼운 죄들을 사함 받지 못한 자들이 있다. 그들은 현세에서 기도나 미사를 통해 가벼운 죄들을 해결했어야 하는데 부족했던 것이다. 부족한 신자들은 하늘로 가기 전에 연옥이라는 정화의 과정을 거치는 중간 단계에 이른다. 연옥에 존재하는 죽은 사람들의 영혼들은 땅에 사는 신자들의 도움을 받을 수 있다. 땅에 사는 신자들은 기도, 구제, 면죄부 매입, 금식, 제사, 그 외의 신앙적인 행위들을 통해 연옥에 있는 신자들을 하늘로 보낼 수 있다.

하지만 연옥 교리는 비성경적인 주장일 뿐이다. 부활은 미래의 한 시점에서 일어나는 일시적인 사건이다. 성인들이 이미 완전히 부활했다는 것도 비성경적인 것이다. 현대 가톨릭 신학자들마저도 연옥 교리에 대해 후대 서구에 도입된 비성경적인 교리라고 의문시하고 있다.[24] 사도 바울은 이미 "그러므로 이제 그리스도 예수 안에 있는 자에게는 결코 정죄함이 없나니"(롬 8:1)라고 선언했다.

우리가 주님이 재림하시기 전에 죽는다면, 우리는 어디에서 어떤 일을 하며 있을까? 우리는 어디에서 어떤 일을 하며 새 하늘과 새 땅을 기다릴까? 명쾌한 답은 아니지만 우리는 낙원, 셋째 하늘, 아브라함의 품, 더 나은 본향, 천국, 하나님 아버지의 집 등으로 다양하게 표현된 그곳에서 안식하며 마치 잠을 자는 것과 같은 평안함 속에서 새 하늘과 새 땅을 기다리고 부활의 날을 맞이하게 될 것이다. 21세기를 사는 우리는 예수님의 재림에서 가장 가까운 사람이지만, 아담이나 셋이나 노아 같은 사람들은 너무 오래 재림을 기다리는 것 아니냐고 반문할 수도 있다. 하지만 좋은 곳에서 안식과 평안 가운데 예수님의 재림을 기다리는 것은 기쁨이 아닐까? 그리고 그곳은 시간과 공간을 초월한 곳이기에 천년이 하루 같고 하루가 천년 같지 않을까?

6장
부활 논쟁

소그룹 성경공부 시간이었다. 부활을 주제로 대화를 나누고 있었는데, 갑자기 어떤 집사님이 다음과 같은 질문을 하였다.

> "목사님, 우리는 부활을 하잖아요. 어떤 분이 그러던데 한 날 한 시에 죽으면 부활할 때에 천국에서 같은 방을 쓴다고 하던데요. 만약 그게 사실이라면 저는 무슨 일이 있어도 제 남편이랑은 한 날 한 시에 같이 안 죽을래요. 어휴, 생각만 해도 끔찍해요."

나를 비롯해서 성경공부에 참석한 모든 사람의 웃음이 터졌다. 물론 그 집사님은 우스갯소리로 던진 말이다. 하지만 그 집사님이 던진 말 속에는 우리의 부활과 관련하여 생각해 보아야 할 여러 가지 주제와 질문들이 담겨져 있다.

이 장에서는 부활과 관련하여 보다 실제적인 몇 가지 질문을 던져보고, 그에 대한 해답을 찾아가 보도록 하자. 첫째, 부활 이후에도 가족관계는 지속되는가? 둘째, 예수님을 믿지 않는 불신자(不信者)들도 부활하는가? 셋째, 어떤 사람들은 신자는 첫째 부활로 불신자는 둘째 부활로 부활한다고 하는데 맞는 주장인가?

1. 부활 이후의 가족관계

1) 사두개파

예수님 당시에는 유대교라는 종교가 있었다. 개신교에도 장로교, 감리교, 성결교, 침례교 등 여러 종파가 있듯이 당시 유대교에도 여러 종파가 있었다. 그중에는 사두개파라는 종파가 있었고, 사두개파에 소속된 사람들을 사두개인이라고 했다. 사두개파는 다윗 왕 시대의 제사장이었던 사독을 계승한다는 모토 아래 구성된 종파였다. 사두개인들은 주전 2세기 하스모니안 시대부터 주후 70년경 예루살렘 성전이 파괴될 때까지 권력의 핵심에 있었다. 사두개인들은 대부분 제사장과 관련된 귀족 가문이었으며 부유한 귀족들이었다. 그들은 예루살렘의 헤롯 성전을 중심으로 하는 종교 권력의 핵심에 있었으며, 71명으로 구성된 최고 종교재판 기관인 산헤드린 공의회에 참여했다. 대제사장은 산헤드린의 의장이었으며, 예수님 당시에는 1/3 정도의 의석을 가지고 있었다.[25]

사두개인은 오직 모세의 책(모세오경)만 성경으로 인정했고 예언서, 시가서, 역사서와 같은 다른 성경들은 입에서 입으로 전해 내려왔다는 구실을 대며 성경으로 인정하지 않았다. 특히 사두개인들은 내세, 부활, 영적 세계, 천사 등을 믿지 않는 지극히 현세 중심적인 사람들이었다.

> "이는 사두개인은 부활도 없고 천사도 없고 영도 없다 하고 바리새인은 다 있다 함이라"(행 23:8)

반면, 바리새파는 구전 율법과 부활을 믿었다. 사두개파와 바리새파는 교리적으로나 정치적으로 대립관계에 있었다. 그러나 자신들의 기득권을 보호해야 할 필요를 느낄 때면 언제 그랬냐는 듯이 서로 협력했다. 그래서 세례 요한은 그들을 향해서 "독사의 자식들"(마 3:7)이라고 외치기도 했다.

2) 사두개인들의 질문

어느 날, 사두개인들이 예수님을 찾아왔다. 사두개인들은 부활 같은 것은 없다고 주장하며 가르치는 자들이었기에, 부활이 있다고 가르치는 자들을 매우 싫어했다(행 4:1~2). 예수님께서는 바리새인은 아니었지만 바리새인들이 부활이 있다고 주장하는 것에 대해서는 반대하지 않으셨다. 그래서 사두개인들은 예수님과 부활에 대한 논쟁을 하기 위해서 찾아온 것이다. 그들은 부활 논쟁을 통해서 예수님을 곤경에 빠트리려고 하였다.

우선 사두개인들은 예수님께 선생님(랍비)이라는 존칭을 사용하며, 모세오경(창 38:8; 신 25:5~6)에 나오는 제도 하나를 소개하였다. 그 제도는 형수와 결혼하는 '수혼제'(嫂婚制, Levirate marriage)라고 부르는 결혼제도였다. 이 제도는 형이 자식 없이 죽었을 때 그 동생이 형수와 결혼을 해서 형의 상속자를 이어주는 제도였다. 수혼제는 이스라엘뿐 아니라 고대 근동 사회에서 행해졌던 관습이었다. 우리나라의 부여 같은 고대 국가에서도 수혼제가 존재했었다.

사두개인들은 예수님께 이야기를 하나 소개했다(마

22:23~28). '한 여인이 일곱 형제 중 장남과 결혼을 했는데 남편이 자식 없이 죽었다. 수혼제에 의해서 둘째와 결혼했는데 둘째도 자식 없이 죽었다. 그런 방식으로 그 여인은 일곱 형제의 막내까지 일곱 번이나 결혼하게 되었고, 안타깝게도 막내와 여인이 자식 없이 모두 죽었다.' 사두개인이 제시한 이 이야기는 과장된 것이며, 전혀 현실성 없이 과도하게 부풀려진 극단적인 설정의 이야기였다. 만약 이 이야기의 주인공이 실제로 존재했다면, 이 여인은 매우 불행했을 것이다. 사두개인들은 이런 비현실적인 여인 이야기를 들려준 다음, 예수님에게 결정적인 질문을 던졌다.

> "그런즉 그들이 다 그를 취하였으니 부활 때에 일곱
> 중의 누구의 아내가 되리이까"(마 22:28)

즉 사두개인들은, 만약 부활이 있다면 일곱 형제와 여인에게는 심각한 문제가 생긴다는 논리였다. 아마도 사두개인들은 모세오경의 수혼법을 근거로 해서 부활의 허점을 찌르는 아주 좋은 질문이라고 스스로 생각했을 것이다.

3) 예수님의 대답
하지만 예수님은 사두개인들의 질문에 대해 성경과 하나님의

능력에 대해서 알지 못함(무지, 무식)으로 인해 만들어진 질문이라고 평가하셨다(마 22:29). 그러면서 예수님은 부활 이후의 삶에 대한 바른 교훈을 주셨다. 부활 이후의 삶은 영원한 삶이며, 남자와 여자가 결혼하여 자녀를 낳아 번성할 필요가 없다고 하셨다. 부활 이후의 삶은 결혼이 필요 없는 삶이라는 뜻이다. 또한 예수님께서는 사람이 부활하면 천사처럼 남성과 여성의 구분이 없는 존재로 변화될 것이라고 말씀하셨다. 부활 이후의 삶이 현세 삶의 연속이라고 가정한 사두개인들의 생각은 잘못된 이해(오해)였다.

4) 부활 이후의 가족관계

예수님의 말씀처럼 부활 이후의 삶은 이 세상에서의 삶과는 완전히 달라진다. 하나님께서 예수님을 부활체로 변화시키셨던 것처럼, 죽은 자들을 완전히 새로운 존재로 부활시키실 것이기 때문이다. 부활 이후에는 부모·자식, 부부, 형제·자매 등의 가족관계가 더 이상 유지하거나 지속되지 않는다. 수십 년간 함께 살아왔던 부부도 부활 이후에는 서로 자유롭게 살아가게 된다. 왜냐하면 부활 이후의 삶에는 하나님뿐 아니라 하늘 공동체의 모든 구성원이 부부 관계보다 더 친밀한 관계를 맺으며 살게 될 것이기 때문이다.

예수님께서는 사두개인들에게 내세가 존재함을 모세오경

을 통해 변론하셨다. 예수님께서는 사두개인들에게 출애굽기 3장 6절을 제시하셨는데, 그건 신의 한수였다. 출애굽기 3장 6절에는 하나님께서 모세에게 자신을 직접 소개하는 말씀이 등장한다.

> "또 이르시되 나는 네 조상의 하나님이니 아브라함의 하나님, 이삭의 하나님, 야곱의 하나님이니라 모세가 하나님 뵈옵기를 두려워하여 얼굴을 가리매"
>
> (출 3:6)

아브라함, 이삭, 야곱은 모세보다 훨씬 오래 전에 살다가 죽은 인물들이다. 주목해야 할 것은 하나님께서는 '나는 아브라함의 하나님이었다'라고 과거형으로 소개하지 않으시고, '나는 아브라함의 하나님이다'라고 현재진행형으로 소개하셨다는 것이다. 즉 하나님께서 모세에게 자신을 소개하는 그 순간에도 아브라함은 살아 있었다는 것이다. 그러면서 예수님께서는 "하나님은 죽은 자의 하나님이 아니요 살아 있는 자의 하나님이시니라"(마 22:32)고 보충 설명을 하셨다. 이는 예수님께서 사두개인들에게 말씀하는 그 순간에도 하나님께서는 아브라함, 이삭, 야곱을 돌보고 계심을 말씀하신 것이다. 예수님의 대답에 사두개인들은 한마디 반론도 제시할 수가 없었다.

5) 부활을 믿지 않는 자들

당시 제사장 계열의 귀족이었던 사두개인들이 부활을 믿지 않았다는 것을 매우 놀라운 일이다. 제사장은 당시 그 누구보다도 하나님을 가까이 모셨던 자들이다. 영이신 하나님을 믿으면서 어떻게 부활이나 천사나 내세와 같은 것을 믿지 않았을지 매우 큰 의문이 든다. 교회를 다니는 성도면서도 부활이나 내세에 무관심하거나 무지한 사람들이 존재한다. 사두개인처럼 하나님의 능력을 알지 못하고 성경이 말하는 부활에 대해 알지 못하여 잘못된 이해를 하고 있는 사람들이 많다. 하지만 부활에 대한 오해는 현재의 삶뿐 아니라 미래의 삶에도 심각한 영향을 줄 수 있다. 따라서 부활을 가능하게 하시는 하나님의 능력을 온전히 믿고, 더불어 성경이 말하는 부활에 대해 좀 더 명확하게 이해하고자 하는 노력이 있어야 한다.

2. 불신자의 부활

1) 바리새인의 부활론

유대교에는 바리새파라는 종파도 있었다. 바리새파는 사두개파와는 정반대의 부활론을 가지고 있었다. 바리새란 히브리어

'페루쉼'(분리된 자)에서 나온 말이다. 바리새파는 마카비 시대(주전 167년 경)에 시작된 것으로 보고 있다. 그들은 바벨론 포로시대에 있었던 성경으로 돌아가는 운동을 다시 전개했다. 포로시대에는 제사장보다는 일반인들을 중심으로, 성전보다는 회당을 중심으로 하였는데, 바리새파는 바로 이러한 포로시대로 돌아가자는 영적 각성 운동이 있었다. 예수님 당시에는 바리새파가 가장 큰 세력을 얻고 있었다. 바리새인은 율법을 가장 엄격하게 지키는 사람들이었다. 때문에 그들은 산헤드린 공의회에서 다수의 의석을 차지하고 있었으며, 유대인들에게 가장 큰 존경을 받았다.

바리새인이 되려면 3명의 바리새인 앞에서 바리새 규칙을 지킬 것을 맹세한 후에 1년간의 숙려기간을 거쳐야 한다. 이때 바리새인이 되면 그의 가족도 자동적으로 회원이 된다. 바리새 규칙 중에서 가장 중요한 것은 첫째, 바리새 회원이 아닌 사람과는 식사하지 않는다. 둘째, 회원이 아닌 제사장에게는 십일조를 내지 않는다. 셋째, 월요일과 목요일에는 금식하는 것이다.

바리새인은 부활, 천사, 영, 내세 등을 믿었다. 대부분의 유대인들도 바리새인을 존경했기에 바리새인들이 믿는 것들을 믿었다. 당시 바리새인들은 예수님에 대해 적대적이었다. 예수님께서 대중 앞에서 가르치실 때 바리새인의 삶과 사상을 비판하셨기 때문이다(마 7:28~29, 12:1~14, 23:23~24). 예수님은 바리새인의 삶은 비판하셨지만, 바리새인이 가지고 있었던 부활 사상에 대해서는 비판하지 않고 오히려 동의하셨다. 바울도 바리새인의 부활론은 거부하지 않았다. 그렇다면 바리새인들은 어떤 부활론을 가지고 있었는가? 누가복음 14장 1~14절에서 소개되는 이야기 속에 잘 드러나 있다.

2) 의인과 악인의 부활

"예수 선생님, 식사에 초대하고 싶습니다." 어느 날, 예수님께서는 부담스러운 식사에 초대를 받으셨다. 바리새인의 지도자 중 한 사람이 예수님을 초대한 것이다. 그날은 안식일이었다. 바리새인 지도자는 엄격한 안식일 식사 규정을 잘 알고 있었던 사람이었다. 게다가 여러 율법 교사들과 바리새인들이 예수님을 감시하고 있었다. 율법 교사들은 산헤드린 공의회의 회원이기도 했다. 자칫 예수님께서 안식일 규정을 하나라도 어기시면, 예수님을 현행범으로 체포하여 종교재판에 넘길 수도 있는 상황이었다. 하지만 예수님께서는 그 부담스러운 초대에 기꺼이 응하셨다. 바리새인들에게도 하늘의 지혜를 나눠주고 소통할 수 있는 기회를 주고자 하셨기 때문이다. 예수님은 제자들이나 무리들과 함께 먹고 마시며 중요한 지혜를 나누셨던 것처럼, 그들과도 여러 가지 지혜를 나누셨다.

특히, 누가복음 14장 12~14절에서는 '어떤 사람들을 손님으로 초대하여 대접할 것인가?'에 대한 지혜를 나누셨다. 예수님께서는 가난한 자들과 장애를 가진 자들을 초대하여 대접하면, 하나님께서 "의인들의 부활"의 날에 하나님의 칭찬과 보상을 주실 것이라고 말씀하셨다.

> "잔치를 베풀거든 차라리 가난한 자들과 몸 불편한 자들과 저는 자들과 맹인들을 청하라 그리하면 그들이 갚을 것이 없으므로 네게 복이 되리니 이는 의인들의 부활시에 네가 갚음을 받겠음이라 하시더라"(눅 14:14)

바리새인은 의인들이 부활하는 날을 믿었다. 그 날은 전 우주의 마지막 날이며, 심판의 날이다. 그들은 하나님께서 세상에 존재했던 모든 사람, 즉 의인들과 악인들을 전부 부활시켜서 최후의 심판대 앞에 서게 하신 후 의인에게는 복을 주시되 악인은 심판하신다고 믿었다. 예수님은 바리새인의 부활론에 반대하지 않으셨다. 예수님께서는 그들이 주장하는 의인들의 부활과 악인들의 부활에 동의하셨던 것이다. 바리새인과 그들을 따르는 대다수의 유대인들은 구약성경의 예언자들이 말하는 마지막 때를 믿었다.

구약의 대표적인 예언자 이사야와 다니엘이 예언한 마지막 때의 부활에 대해서 살펴보자. 이사야는 우주적인 심판이 진행되는 마지막 때에 하나님을 앙모하며 기도했던 자들은 결코 영원히 멸망당하지 않고 다시 부활하게 될 것이라고 예언하였다. 특히 이사야는 주의 빛나는 이슬이 땅에 내리고 땅은 주의 죽은 자들을 품고 있다가 다시 토해낼 것이라고 시적으로 표현하였다(사 26:19). 다니엘은 죽은 자들은 땅의 티끌 가운데서 자는 자들이라고 표현했다. 그러면서 죽은 자들은 깨어나 어떤 이들은 영생을 받고, 어떤 이들은 영원한 수치와 부끄러움을 받게 될 것이라고 말했다. 특히 지혜로 많은 사람을 옳은 데로 돌아오게 한 사람은 영원히 별과 같이 빛날 것이라고 했다(단 12:1~3).

3) 바리새인과 예수님의 차이점

하지만 예수님이 바리새인의 부활론에 전부 동의한 것은 아니다. 바리새인은 조상이 전해준 구전(口傳) 전통을 지킬 때 의인의 부활에 동참하게 된다고 믿었다. 하지만 예수님은 인간이 만든 종교관습을 지킬 때 의인의 부활에 동참하는 것이 아니라 하나님과 올바른 관계를 맺고 하나님의 뜻을 실천하며 하나님께 순종하는 자만이 의인의 부활의 동참할 수 있다고 하셨다. 예수님이 유대인의 명절에 베데스다 못에서 병자를 고치신 후 유대인들을 향해 하셨던 부활에 관한 메시지를 보면 그 차이점을 잘 알 수 있다(요 5:19~29).

가장 큰 차이점은 마지막 때의 부활과 심판은 하나님이 아닌 하나님의 권세를 위임받은 예수님에 의해 진행된다는 점이다. 하나님은 부활하신 예수님에게 두 가지 권세를 주셨다. 첫째는 생명이고, 둘째는 심판하는 권세이다. 하나님의 아들이신 예수님은 위임받은 하나님의 권세로 죽은 자들, 즉 무덤 속에 있는 자들을 부르실 것이다. 예수님은 생명으로 무덤 속에 있는 모든 자들을 부활하게 하신다. 그 부활에는 의인뿐 아니라 악인도 포함된다. 예수님이 음성으로 부르실 때 선한 일을 행한 자에게는 생명의 부활로, 악한 일을 행한 자에게는 심판의 부활로 나오게 될 것이다. 그 다음 예수님은 하나님으로부터 위임받은 심판하는 권한에 의해 의인과 악인을 심판하실 것이다.

> "또 인자됨으로 말미암아 심판하는 권한을 주셨느니라 이를 놀랍게 여기지 말라 무덤 속에 있는 자가 다 그의 음성을 들을 때가 오나니 선한 일을 행한 자는 생명의 부활로, 악한 일을 행한 자는 심판의 부활로 나오리라"(요 5:27~29)

지금까지 살펴보았듯, 예수님은 구약성경과 바리새인이 말하는 의인들과 악인들의 부활과 최종 심판에 대해 동의하셨다. 그리고 구약과 유대인들이 말하는 의인들의 부활에 동참할 수 있는 참된 길을 제시하셨다. 즉 하나님이 보내신 예수님을 믿어야 의인의 부활에 동참할 수 있다는 것이다. 이는 부활과 심판의 주체가 하나님의 아들 예수님이시기 때문이다.

3. 신자와 불신자는 각각 다른 시기에 부활하는가?

1) 첫째 부활과 둘째 부활

기독교인 가운데서도 어떤 이들은 신자와 불신자의 부활이 각기 다른 시기에 이루어진다고 주장한다. 신자들은 예수님이 재림하실 때 먼저 부활하는데, 이것을 '첫째 부활'이라고 한다. 부활한 신자들은 재림하신 예수님과 함께 공중에서 천년을 보낸다. 이 천년은 문자 그대로 1000년이다. 불신자들은 천년왕국이 다 끝난 후에 부활하는데, 이것을 '둘째 부활'이라고 한다. 불신자들의 부활은 심판을 받기 위한 부활이다. 예수님이 불신자와 사탄을 심판하신 후에는 새 하늘과 새 땅이 임한다. 신자와 불신자가 각각 다른 시기에 부활한다고 생각하는 사람들의 대부분은 천년왕국설 중 전천년설(前千年說)을 믿는다. 전천년설이란 천년왕국 전(前)에 예수님이 재림하신다는 견해이다. 전천년설에는 크게 세대주의 전천년설과 역사적 전천년설이 있으며, 전천년설 안에도 여러 가지 다양한 의견들이 있다.[26]

2) 요한계시록 20장 6절

전천년설이 신자의 첫째 부활과 불신자의 둘째 부활을 주장하는 대표적인 근거는 요한계시록 20장 6절이다. 과연 이 본문이 첫째 부활과 둘째 부활을 말씀하고 있는지 살펴보자.

> "이 첫째 부활에 참여하는 자들은 복이 있고 거룩하도다 둘째 사망이 그들을 다스리는 권세가 없고 도리어 그들이 하나님과 그리스도의 제사장이 되어 천 년 동안 그리스도와 더불어 왕 노릇 하리라"(계 20:6)

본문은 요한계시록 20장 1~10절 단락에 포함되어 있다. 이 단락의 주제는 '용의 심판과 멸망'이다. 단락의 구조는 1~3절은 용이 천년 동안 무저갱에 결박되어 갇혀 있는 내용이며, 7~10절은 용이 천년이 다 찬 후에 무저갱에서 나와 교회 공동체와 전쟁에서 패한 후 불 못에 던져지는 내용이다. 그리고 4~6절은 교회공동체가 천년 동안 왕 노릇 하는 내용이다.

> A 용이 천년 동안 무저갱에 결박됨 (1~3절)
> B 교회공동체가 천년 동안 왕 노릇함 (4~6절)
> A´ 천년 후에 용의 활동 (7~10절)

1~10절 단락은 신약성경에 흔하게 발견되는 '수미상관(首尾相關, 인클루지오) 구조'이다. 즉 A와 A´가 B를 앞뒤로 감싸면서 B를 강조하는 구조이다. A와 A´는 용에 관한 내용이다. 용이 천년 동안 무저갱에 결박되어 있다가 천년이 지난 다음에 무저갱에서 나왔다가 불 못에 던져지는 내용이다. 여기에서 나오는 용, 무저갱, 불 못 모두 상징적인 표현들이다. 요한은 용과 옛 뱀은 마귀와 사탄을 상징하는 단어임을 직접 설명해 주기까지 했다(계 20:2; 용을 잡으니 곧 옛 뱀이요 마귀요 사탄이라). 따라서 천년이라는 숫자 역시 상징적인 단어로 해석해야 한다.[27]

3) 둘째 부활은 없다

첫째 부활은 하나님과 단절된 영적 사망의 상태에 있는 사람이 영적으로 다시 태어나는 중생(重生)의 사건을 상징한다. 둘째 부활이라는 표현은 성경에 없다. 하지만 둘째 부활이라는 표현을 사용한다면, 그것은 예수님의 재림 때 신자들이 부활하신 예수님과 같이 변화되는 영원하고 완전한 부활을 가리킨다. 둘째 사망은 예수님의 재림 때에 불신자들에게 내려지는 영원한 심판을 의미한다. 예수님이 재림하실 때 불신자들도 부활하여 최종 심판을 받게 된다. 이때 불신자들에게는 영원한 사망 선고가 내려진다.

천년이라는 기간은 사탄의 세력이 예수님의 십자가와 부활에 의해 결박되어 있는 기간을 말한다. 사탄의 세력은 이미 예수님에 의해 패배하여 결박당한 상태이다. 사탄의 세력은 예수님이 이 땅에 오실 때(초림)에 이미 무저갱이라는 바닥이 없는 감옥에 결박되어 있는 상태. 그리고 예수님이 재림하실 때 최종 심판에서 영원한 멸망을 선고받을 것이다. 예수님은 초림에서 재림 사이의 천년 동안 왕으로 세상을 통치하고 계신다.

그렇다면 천년 동안 예수님과 함께 왕 노릇 할 사람은 누구인가? 그 사람들은 첫째 부활에 참여하고 둘째 사망에서는 제외되며 왕 같은 제사장으로 예수님의 통치에 동참하는 사람들이다. 그 사람들은 요한계시록 20장 4~5절에서 설명된 순교자와 순교자 정신으로 살아가는 성도들로 구성된 교회 공동체이다. 교회 공동체는 첫째 부활, 즉 중생의 사건을 경험한 사람들의 모임이다. 교회 공동체는 첫째 사망인 육체의 죽음은 경험하지만, 둘째 사망인 영원한 사망에서는 제외된다.

하지만 전천년설에서는 천년을 상징적인 단어가 아닌 문자적인 단어로 해석한다. 그리고 요한계시록 20장 6절에 나오는 첫째 부활, 둘째 사망, 왕 노릇과 같은 표현 역시 문자적인 단어로 해석을 한다. 그래서 예수님이 재림하시면서 신자들은 첫째 부활에 동참하여 천년 동안 왕 노릇을 하고 불신자들은 천년왕국이 지난 후에 부활하여 영원한 심판을 받는다고 주장한다. 하지만 이러한 해석에는 모순이 발생한다. 같은 단락 내에서 용이나 옛 뱀은 상징적으로 해석하고 천년, 첫째 부활, 둘째 사망, 왕 노릇은 문자적으로 해석하는 모순이 발생한다.

4) 동시에 부활한다

구약성경과 예수님은 신자와 불신자가 단번에 부활하여 심판 받는다고 말씀한다. 그리고 신약성경의 2/3를 기록한 바울 역시 구약성경과 예수님의 부활론에 동의한다. 바울은 3차 전도여행을 마친 후 예루살렘으로 갔다. 바울은 성령님의 예고대로 예루살렘에서 체포되어 산헤드린 공의회에 서게 되었고, 그곳에서 바울은 자신을 "죽은 자의 소망 곧 부활"(행 23:6)을 전하는 자라고 소개한다. 또한 바울은 총독 앞에서 심문을 받을 때에도 유대인들이 기다리며 소망하는 "의인과 악인의 부활"(행 24:15)을 전한다고 자신을 변호했다. 바울은 의인과 악인의 부활을 따로따로 분리해서 설명한 적이 없다. 바울은 헬라어 원문에서도 의인(δικαίων, 디카이온)과 악인(ἀδίκων, 아디콘)은 복수형으로 사용하는 반면, 정작 부활(ἀνάστασιν, 아나스타신)은 단수형으로 사용했다. 이것은 어원적으로도 의인들의 부활과 악인들의 부활이 따로따로 다른 시기에 이루어지는 것이 아닌 단번에 이루어진다는 것을 의미한다.[28]

7장

부활을 믿는 자들의 삶

쉴 새 없이 달려오다 보니 어느덧 이 책의 마지막 장에 와 있다. 우리는 앞서 과거에 부활하신 예수님의 부활에 대해 살펴보았다. 예수님의 부활이 역사적인 부활임과 동시에, 수많은 목격자들의 증언을 들으면서 감격스러웠다. 또한 미래의 부활, 즉 예수님께서 재림하실 때 나의 부활은 어떤 과정으로 진행될 것인지도 미리 보면서 소망을 품었다. 이제 현재로 돌아오고자 한다. 현재로 돌아와 과거의 부활과 미래의 부활을 믿는 자로서, 우리는 지금 여기서 어떻게 살아야 하는지를 점검하고자 한다.

1. 부활과 사도신경

우리는 적어도 일주일에 한두 번은 사도신경을 통해 믿음을 고백한다. 주목할 것은, 사도신경에는 부활에 관한 두 가지 고백이 들어 있다는 것이다. 하나는 예수님의 부활에 대한 고백이요, 또 하나는 예수님이 재림하실 때 우리의 몸도 부활할 것에 대한 고백이다. 마치 교향곡에서 절정과 결말 부분이 있듯, 부활에 대한 고백은 사도신경에서 절정과 결말에 해당한다. 신앙의 선배들도 기독교 신앙에 있어서 가장 중요한 것이 부활에 대한 신앙임을 강조한 것이다.

'신경'이란 신앙을 고백하기 위해서 교리를 공식적으로 요약해 놓은 진술이다. 사도신경은 사도들이 만든 신경은 아니고, 다만 사도들의 신앙고백이나 사도들이 전해 준 복음에 근거해 만들어진 신경이라는 뜻이다. 사도신경은 주후 2세기에 세례를 집례하는 자가 세례 대상자에게 질문하는 형태로 만들어졌다. 집례자가 "당신은 ~ 믿습니까?"라고 질문했을 때 "네, 믿습니다"라는 문답식으로 만들어졌다. 그러다가 4세기에는 고백형으로 바뀌었다. 집례자의 질문에 단순히 "네, 믿습니다"라고 대답하는 것으로는 신앙고백이 미흡하다고 생각한 것이다. 그래서 각자 개인이 고백할 수 있도록 고백형으로 변형되었다. 그후 개인이 고백할 뿐 아니라 모든 성도가 한 자리에 모여 드리는 공적인 예배에서도 성도가 함께 고백하는 형식으로 바뀌게 되었다. 우리가 고백하는 사도신경의 원문은 750년에 공인된 라틴어 원문(Forma Recepta)이다.[29]

■ 사도신경의 부활에 대한 신앙고백

번역	예수님의 부활	성도의 부활
개정개역	장사한 지 사흘 만에 죽은 자 가운데서 다시 살아나시며	몸이 다시 사는 것과
새번역	장사된 지 사흘 만에 죽은 자 가운데서 다시 살아나셨으며	몸의 부활과

1) 예수님이 부활하신 것을 믿습니다

사도신경에서 예수님의 부활에 대한 고백 부분은 성경이 말하는 예수님의 부활에 대해 아주 담백하고 간략하게 잘 요약해 놓았다. 예수님께서 '사흘 만에' 부활하셨다고 고백하는 것은 예수님의 부활이 역사적 사건이었음을 고백하는 것이다. '사흘 만에'라는 표현은 조금 신경써야 한다. '사흘 만에'는 만 3일이라는 느낌을 주기 때문에 '세 번째 날에'로 번역하는 것이 더 정확한 번역이다.[30] 예수님께서는 금요일 오후 3시에 돌아가셨으며, 약 39~40시간 후인 주일 새벽에 부활하셨다. 예수님께서는 '사흘 만에'라는 표현처럼, 만 3일인 72시간 만에 부활하신 것이 아니다. 사도신경 라틴어 원문 'tertia die'(떼르치아 디에)도 세 번째(떼르치아)와 날(디에)이라는 의미가 합쳐진 것이다. 예수님께서는 장사된 지 3일째 되는 날에 부활하셨다. 그럼에도 베드로와 바울이 사흘 만에(행 10:40) 부활하셨다고 표현한 것은, 유대인이 날을 계산하는 관습 때문일 것이다. 예수님께서 '죽은 자 가운데서' 부활하셨다는 고백은 예수님이 완전한 죽음으로 시체가 되셨음을 고백하는 것이다. 예수님의 몸, 심장이 멈추고 뇌가 죽은 시체가 되었다는 고백이다. 우리가 앞서 살펴보았듯이 기독교 역사에서 예수님의 죽음을 의심하는 자들이 많았다. 그러나 예수님의 죽음이 확실하기에 부활도 확실하다.

2) 우리의 몸도 부활할 것을 믿습니다

몸이 다시 사는 것, 즉 몸의 부활이라는 표현은 성경에 없다. 그럼에도 사도신경이 몸의 부활을 고백하는 이유가 있다. 사도신경이 만들어질 당시 교회는 헬라 철학과 영지주의 공격을 받고 있었다. 헬라 철학자나 영지주의 이단은, 영혼은 선하고 육체는 악하다고 주장했다. 헬라인들은 영혼과 육체를 날카롭게 구분했다. 하지만 성경은 육체를 악한 것이라고 말하지 않는다. 기독교 신학에서도 영혼육 이분설이니 삼분설이니 하면서 영혼과 육체를 나누는 전통이 있다. 하지만 우리의 영혼과 육체는 너무도 신비롭게 연결되어 있어서 사실은 나눌 수 없는 것이다. 성경은 부활을 말할 때 육체 없는 영혼만의 부활을 말하지 않는다. 몸의 부활도 말한다. 몸은 보이지 않는 정신과 보이는 육체를 모두 포함하는 전인격인 의미다. 육체(flesh)와 몸(body)은 다르다. 바울도 몸이 다시 사는 것에 대해서 분명하게 여러 번 말했다(고전 15:42~44; 롬 8:11; 빌 3:21).

우리는 거듭 태어나 하나님의 백성이 되었지만, 우리의 몸은 여전히 '낮은 몸'의 상태에 있다. 몸의 문제는 예수님께서 다시 오시는 날에 완전히 해결될 것이다. 우리는 죽음을 통해 육체는 잠시 티끌이 되어 흙으로 돌아가고, 영은 낙원에서 안식을 누리게 된다. 하지만 예수님께서 재림하시는 날에 우리의 티끌과 영은 신비롭게도 새로운 몸으로 부활하게 된다. 몇십 년 전만 해도 우리나라의 장례문화는 화장보다는 매장이었다. 특히 일부 교회에서는 기독교인은 화장해서는 안 된다고 가르쳤다. 화장을 하면 부활할 때 육체가 심각하게 손상된다고 생각한 것이다. 하지만 그러한 상상은 하나님의 신비로운 부활의 능력을 무시한 발언이다. 하나님의 새 창조의 능력을 과소평가한 것이다.

우리는 사도신경을 통해서 부활을 고백할 때 예수님의 부활과 우리 몸의 부활의 참된 의미를 제대로 알고 그것을 온전히 품고 단어 하나하나를, 표현 한 구절 한 구절을 혼의 언어로 뱉어내야 한다. 마치 소가 여물을 되새김하듯 고백해야 하는 것이다. 혹자는 입으로 하는 고백보다 삶의 고백이 더 중요하다고 주장한다. 맞는 말이다. 하지만 삶의 고백은 입술의 고백부터 시작한다는 점도 간과하지 말아야 할 것이다. 제대로 된 입술의 고백이 있을 때, 비로소 그 고백이 삶으로도 진실하게 이어지는 법이다.

2. 죽음을 사랑하라

독립운동가 월남 이상재(李商在, 1850~1927) 장로에 관한 일화이다. 어느 날, 이상재 장로는 일본 신문기자에게 이런 질문 받았다고 한다. "간디는 평소에 100세를 산다고 하였고 누구는 몇 세를 산다고 하였는데, 선생님은 몇 년이나 사실 작정이십니까?" 그때 이상재 장로는 그 기자를 물끄러미 바라보다가 이렇게 대답했다고 한다. "사람이 한 번 났으면 영원히 살지, 죽기는 왜 죽어!" 우리는 여기서 그의 마음속에 있는 확고한 부활 신앙을 엿볼 수 있다. 월남 이상재 장로는 1902년, 50

세가 넘어서야 감옥 안에서 성경을 접하고 산상수훈에 감동을 받아 회심하여 부활 신앙을 갖게 되었다. 그가 어려운 시대 속에서도 독립운동가, 정치가, 외교관, 교육가, 교회의 중직자로 봉사하면서 활발한 삶을 살아갈 수 있었던 밑바탕에는 일본의 펜대 앞에서도 '부활의 신앙'을 고백할 수 있었기 때문이 아니었을까? 이처럼 부활을 믿는다고 고백하는 것은 예배당 안에서 예배를 드릴 때에만 하는 것이 아니다. 부활을 믿는 사람은 세상 사람과는 뭔가 다르게 살아가야 한다. 특히, 죽음을 대하는 태도에서 말이다.

1) 부활은 죽음을 이기고

우리는 죽음을 싫어한다. 아니 무서워한다. 왜냐하면 죽음에는 의외성, 보편성, 모호성이 있기 때문이다. '오는 순서는 있어도 가는 순서는 없다'라는 말처럼, 우리는 죽음을 언제 맞이할지 모른다. 갓 태어난 아이가 100세 할아버지보다 먼저 죽을 수도 있다. 손녀가 할머니보다 먼저 죽을 수 있고, 딸이 엄마보다 먼저 죽을 수 있다. 죽음이 우리에게 언제 찾아올지 모르는 의외성이 있다. 그리고 우리는 모두 죽는다. 죽지 않는 사람은 아무도 없다. 또한 죽음을 피해 갈 수 있는 사람은 단 한 사람도 없다. 죽음은 모든 인간에게 평등하게 나타나는 보편성이 있다. 우리는 죽음을 인생의 마지막이라고 생각한다.

죽음 이후에 어떤 일이 일어날지 잘 모르기 때문에 인생의 마지막으로 생각한다. 죽음이라는 커튼 뒤에서 기다리고 있는 것이 무엇인지 모른다. 그래서 우리는 이런 죽음을 싫어하고, 또한 무서워한다. 그래서 우리는 늘 죽음 앞에서 무릎을 꿇는다. 사탄은 죽음을 앞장세워 우리를 협박한다. '내가 죽는다면, 과연 어떻게 될까?'

죽음이 주는 가장 큰 고통은 사랑하는 사람들을 더 이상 볼 수 없다는 이별과 단절일 것이다. 이별과 단절은 우리를 가장 두려워하게 만드는 것이다. 예수님은 부활로 사탄의 협박이 얼마나 거짓된 것인지를 말씀해 주셨다(고전 15:55~57). 예수님은 우리를 죽게 하는 악의 세력, 사망의 세력, 병들고 가난하게 만들고 무지하며 억압당하는 것 등의 어두움의 실체를 부활로 그대로 다 폭로하셨다.

예수님은 부활로 죽음을 이기셨다. 그리고 예수님의 부활이 곧 우리의 부활이라고 말씀하셨다. 우리도 예수님처럼 부활로서 죽음을 이길 수 있다는 말씀이다. 그래서 곽선희 목사는 이렇게 설교했다. "부활 신앙을 가진 자는 죽음을 사랑할 줄 알고 죽음의 공포가 털끝만큼도 없어야 합니다."[31] 아무리 그리스도인으로 거듭났다 할지라도 여전히 죽음을 싫어하고 무서워한다. 그러나 부활 신앙을 가진 참된 그리스도인은 죽음을 무서워하지도 않을 뿐더러 오히려 죽음을 사랑하는 사람이라는 것이다. 지금 질문해 보라. 나는 내일 중병에 걸려 사형선고를 받아도 죽음을 사랑하며 죽음을 은혜 가운데 준비할 수 있는가?

2) 죽음을 사랑한 폴리갑

수년 전에 요한계시록에 나오는 소아시아 일곱 교회 지역을 방문한 적이 있다. 오늘날의 터키 서부 지역을 여행한 것이다. 대부분의 지역에는 일곱 교회의 흔적을 찾아볼 수 없었다. 다만 소아시아 지역의 자연환경이나 지형들을 꼼꼼히 살피고 오는 것으로 만족해야 했다. 그런데 그 와중에도 매우 인상적인 건물이 하나 있었다. 터키 제3의 도시 이즈미르(Izmir)의 중심에 위치해 있는 폴리갑기념교회였다.

폴리갑은 사도 요한의 수제자로 알려져 있으며, 초대 교회 당시 서머나 교회의 초대 감독이었다. 특히 폴리갑은 순교자로 유명하다. 폴리갑은 86세 때 로마제국의 기독교 박해로 인해 체포되었다. 처음에는 헤롯 왕과 그의 부친 니세테스(Nicetes)가 폴리갑에게 황제를 숭배하고 제사를 드려서 목숨을 지키라고 회유했다. 폴리갑은 일체 말을 아꼈다. 그 다음에는 서머나의 원형경기장에서 총독의 직결재판을 받았다. 이때에도 총독은 폴리갑에게 '가이사가 주님'(퀴리오스)이라고 한 번만 고백하면 풀어주겠다고 회유하고자 했다. 하지만 폴리갑은 86년간 자신을 부당하게 대해주시지 않는 주님을 배신할 수 없다고 했다. 그러자 총독은 폴리갑에게 화형을 시키겠다고 협박했다. 폴리갑도 여기에 물러서지 않고 원형경기장 한 가운데의 화형장에 기꺼이 올라갔다. 그리고 폴리갑은 이런 기도를 드렸다고 한다.

> "전능하신 주 하나님이시여, 당신의 사랑받고 찬양받는 종 예수 그리스도의 아버지시여, 저희는 그리스도를 통하여 당신을 알아보게 되었습니다. 천사들과 권세들과 능력들과 당신 앞에 살고 있는 모든 의인들의 하나님이시여, 제가 순교자들의 무리에 들고 당신의 그리스도가 마신 잔에 동참하여 영혼과 육신이 영생의 부활을 누리며, 성령의 불멸을 얻는 자격을 오늘 이 시간에 베푸시니, 당신을 찬양합니다. 거짓이 없으시고 진실하신 하나님이시여, 당신께서는 미리 마련하시고 계시하시고 이루시니, 오늘 저를 순교자들 가운데서 흐뭇하고 살찐 희생제물로 받아 주소서. 하오니 하늘의 영원한 대제사장이요 당신의 사랑받는 종이신 예수 그리스도를 통하여, 세상만사에 대해 당신을 기리고 당신을 찬

양하며 당신께 영광을 드리옵니다. 예수 그리스도를 통하여 그분과 성령과 함께 이제와 영원히 영광을 누리소서. 아멘."[32]

폴리갑은 생애 마지막 순간, 죽음을 눈앞에 둔 순간 영혼과 육신이 영생의 부활을 누리게 될 것을 확신했다. 이 얼마나 당당한 죽음의 모습인가? 구차하게 죽음에 아부하지 않고 죽음에 구걸하지도 않으며 죽음을 당당히 맞서는 폴리갑의 모습에서 참된 그리스도인의 모습을 볼 수 있다. 폴리갑은 곽선희 목사의 설교처럼 부활 신앙을 가짐으로 인해 죽음에 대한 공포가 털끝만큼도 없었고 오히려 죽음을 사랑했다.

예수님의 부활은 사망을 이기고 죽음을 이길 수 있다는 희망을 준다. 그리고 예수님의 부활을 믿고 죽음을 당당하게 맞이했던 순교자에게서도 희망을 느낀다. 부활을 목격한 예수님의 열한 명의 제자들은 모두 순교자의 길을 걸었다. 세상의 수많은 종교인들은 죽음으로부터 출발해서 인생의 의미를 찾는다. 하지만 기독교는 죽음이 아닌 부활에서 인생의 의미를 찾는다. 죽음은 인생의 끝이 아니라 새로운 시작임을 예수님도 보여주셨고, 믿음의 선배들도 그것을 믿었다.

3) 죽음은 자는 것

예수님께서는 죽음을 슬퍼하지 않으셨다. 예수님께서는 죽음을 자는 것이라고 표현하셨다(막 5:39). 사도 바울도 죽은 성도들을 자는 자들이라고 표현했다(살전 4:13). 회당장 야이로의 딸이 죽었다. 장례식장에 모인 많은 사람은 열두 살짜리 여자 아이의 죽음을 안타까워하며 통곡하고 슬퍼했다. 하지만 예수님은 소녀의 죽음을 큰 일로 보지 않으셨다. 복잡하게 생각하지도 않으셨다. 죽음은 단지 육체의 기능이 멈추는 것일 뿐 언젠가는 다시 깨어난다고 확신하고 계셨다.

죽은 사람을 애도하지 말라는 것이 아니다. 사랑하는 사람이 죽었을 때 슬퍼하며 눈물을 흘리는 것이 비신앙적 행동이라고 말하는 것이 아니다. 죽은 사람을 더 이상 만날 수 없다는 석별의 정을 무시하라는 것도 아니다. 우리는 사랑하는 사람이 죽었을 때 충분한 애도의 기간을 가져야 한다. 실제로 예수님은 사랑하는 친구 나사로의 장례식장에서는 슬퍼하시면서 우셨다.

예수님이나 바울이 죽음을 자는 것으로 표현한 이유에 대해서 깊이 묵상해 보아야 한다. 모든 사람은 마지막 날 부활을 통해서 죽음의 기나긴 잠에서 다 깨어날 것을 알고 계셨던 것이다. 어쩌면 죽음은 부활의 시작점이며, 새로운 시작점입니다. 이처럼 죽음이 자는 것이고 부활을 위해 준비하는 첫 단계라면, 우리는 어쩌면 죽음의 예고 앞에서도 당당할 수 있지 않을까? 바울의 고백처럼 빨리 죽음의 문을 통과하여 낙원에서 안식의 잠을 자고 싶어하지 않을까?

부활을 믿는 사람들은 죽음의 의외성, 보편성, 모호성을 부활의 진리로 극복할 수 있다. 우리는 죽음이 언제 어디서나 찾아올 수 있다는 것을 알기에 모든 일을 주님께 하듯 한다. 죽음이 모든 사람에게 찾아오기에 나 자신에게 찾아왔을 때에도 놀라지 않는다. 그리고 죽음 이후의 펼쳐지게 될 과정도 확실하게 알고 있기에 더 이상 두렵지 않다. 우리는 사랑하는 사람과 단절되는 것도 두렵지 않다. 나도 부활할 것이고, 사랑하는 사람들도 부활할 것임을 알고 있기 때문이다.

3. 부활과 주의 일

고린도전서 13장이 사랑장(章)이고 히브리서 11장이 믿음장(章)이라면, 고린도전서 15장은 아마도 부활장(章)일 것이다. 왜냐하면 고린도전서 15장 전체에는 부활에 관한 진리로 가득 차 있기 때문이다.

■ 고린도전서 15장의 구조

> 1~11절: 예수님의 부활
> 12~34절: 죽은 자의 부활
> 35~57절: 부활의 몸
> 58절: [결론] 부활을 믿는 자들의 삶

바울은 1~11절에서 자신이 전한 복음의 핵심은 예수님께서 성경대로 죽으시고 부활하신 것이며, 예수님의 부활을 수많은 사람들이 목격했다고 말한다. 12~34절에서는 고린도교회 내에서 죽은 자 가운데서 부활이 없다고 주장하는 사람들에게 대한 변론을 다루었다. 바울은 하나님이 예수님을 죽은 자 가운데서 다시 살리셨고, 예수님은 잠자는 자들의 첫 열매가 되셨다고 했다. 그리고 마지막 날에 부활하신 예수님처럼 모든 자들이 부활하게 될 것이라고 전한다. 바울은 이 부활을 위해 고난의 세례도 받고 위험도 무릅쓰며 날마다 자신을 죽이면서 깨어서 의를 행하고 죄를 짓지 않으려고 애를 쓴다고 했다. 35~57절은 장차 죽은 자들이 입게 될 변화체에 대해 정리했다. 그러면서 57절을 통해 부활장의 결론을 내렸다.

> "그러므로 내 사랑하는 형제들아 견실하며 흔들리지 말고 항상 주의 일에 더욱 힘쓰는 자들이 되라 이는 너희 수고가 주 안에서 헛되지 않은 줄 앎이라"
>
> (고전 15:58)

"그러므로"는 1~57절까지 다룬 내용을 총정리하는 접속사이다. 예수님의 부활과 죽은 자들의 부활과 부활의 몸을 믿는 사람은 이제 어떻게 살아갈 것인지에 대한 결론이다.

1) 흔들리지 말라

바울의 부탁대로 부활을 믿는 사람들은 견실하며 흔들리지 말아야 한다. 1세기 당시 고린도 교회 안에서 부활 신앙을 뒤흔드는 거짓 교사들이 있었다. 21세기 교회 안에도 부활 신앙을 흔드는 사람과 사상이 교회 안에 버젓이 존재한다. 우리는 부활의 진리를 잘 이해하고 공부하며 그 배운 진리 안에서 흔들리지 말고 강하고 굳건하게 서 있어야 한다.

부활은 부활절 시즌에 절기 설교를 듣는 것만으로 끝나서는 안 된다. 부활은 십자가와 함께 복음의 핵심 중의 핵심이다. 교회는 부활에 대해서 정기적으로 가르쳐야 하고 부활 신앙도 가르쳐야 한다. 교회학교에서는 부활을 가르쳐야 하고 부활에 대한 소망을 갖도록 양육해야 한다. 부활 신앙이 없는 교회는 현세 중심적인 교회로 전락한다. 부활 신앙을 가르치지 않는 교회는 기복 신앙을 추구하는 교회로 전락한다.

바울은 만약 죽은 자가 다시 살아나지 못한다면 내일 죽을 터이니 먹고 마시는 신앙으로 전락할 수 있음을 지적했다(고전 15:29). 우리는 입으로는 부활을 믿으면서 실천적으로는 부활을 믿지 않고 부활이 없는 사람들처럼 현세 중심적 신앙과 기복적인 신앙만 추구해서는 안 된다.

2) 주의 일에 힘쓰라

바울은 부활을 믿는 사람은 '주의 일'에 힘써야 한다고 했다. 주의 일이란 예수님께서 말씀하신 "하나님 나라의 일"(행 1:3)과 일맥상통한다. 부활하신 예수님은 하늘로 올라가시기 전 40일 동안 제자들에게 자주 나타나시어 "하나님 나라의 일"(행 1:3)에 대해 말씀하셨다. 예수님은 세상에 오실 때 하나님의 나라를 이 땅에 가져 오셨다. 그리고 예수님은 가르침과 기적을 통해서 하나님의 나라를 확장해 나가셨다. 하나님의 나라는 하나님의 통치, 주권, 다스림이다. 예수님은 부활 이전과 이후에도 계속해서 동일하게 하나님의 나라를 강조하셨다. 그리고 예수님의 죽음과 부활을 통해서 예수님의 제자들은 하나님의 나라로 함께 묶으셨다. 예수님의 십자가에서 함께 죽고 예수님의 부활과 함께 사는 신비로운 연합으로 묶으셨다. 따라서 예수님과 함께 신비로운 연합을 이루는 그리스도인에게 하나님의 나라의 일은 숙명이 되고 사명이 된다. 그렇다면 바울이 말한 주의 일과 예수님이 말씀하신 하나님 나라의 일은 어떤 일을 말하는 것일까?

우리는 종종 예배당 안에서 하는 일이나 교회와 관련된 일을 주의 일이라고 생각하고 그 외에 일은 세상 일로 분류하는 경향이 있다. 하지만 성경은 주의 일을 그렇게 구분하지 않는다. 주의 일이란 우리가 삶의 현장에서 하나님의 통치를 받으며 하나님을 기쁘시게 하는 모든 일을 말한다. 예수님은 우리에게 주의 일이 무엇인지 보여주신 분이다. 예수님은 가르치는 일과 기적을 베푸시는 일을 통해서 하나님 나라의 일을 하셨지만 제자들과 함께 먹고 자는 일상생활을 통해서 하나님의 나라의 일을 하셨다. 예수님은 사회에서 소외된 사람들과 함께 조화롭게 살아가고 함께 살아가는 방법을 모색하셨다. 병든 자들, 장애인들, 죄인 취급 받는 자들, 세리들, 심지어 귀신 들린 자들까지 모든 이들에게 하나님의 통치가 임하게 하기 위해서 찾아가시고 함께 하시고 먹고 자면서 생활하셨다. 예수님이 하신 모든 일이 주의 일이었다. 그렇다면 예수님이 먹는 일과 먹지 않는 일, 늦은 밤까지 야근하신 일과 배에서 주무신 일, 한적한 들에서 쉬셨던 일과 복잡한 예루살렘 성전에서 일하셨던 일도 모두 하나님 나라의 일이었던 것이다.

주의 일이냐 세상 일이냐의 구분은 예배당 안이냐 밖이냐의 구분이 아니다. 교회와 관련된 일이냐 관련되지 않은 일이냐가 아니다. 아무리 교회와 관련된 일을 예배당 안에서 했더라도 하나님의 통치 없이 하나님을 기쁘시게 하지 않을 일이라면 그것은 주의 일이 아닌 세상 일인 것이다. 반대로 예배당 밖에서 교회와 직접 관련되지 않은 일이라 할지라도 그것인 하나님의 통치 아래에서 하나님의 뜻을 이루어 드리는 데 일조했다면 그것은 분명 주의 일이며 하나님의 나라의 일이다.

예수님이 비유하신 선한 사마리아인의 비유를 잘 알고 있다. 주의 일을 할 것으로 기대되었던 제사장과 레위인은 강도 만난 자를 도와주지 않았다. 그들이 그냥 지나쳤던 이유는 그것이 자신들을 부정하게 만드는 세상 일로 여겨졌기 때문이다. 제사장과 레위인에게는 예루살렘 성전 안에서 하는 일만 주의 일로 여겨졌던 것이다. 하지만 예루살렘 성전에 들어갈 수도 없는 신분이었던 사마리아인은 정작 하나님이 원하시는 일을 했다. 이제 거룩한 것과 세속적인 것을 나누는 성속(聖俗) 이원론을 극복하고 주의 일에 대한 보다 성숙한 신학을 정립해야 한다.

3) 헛되지 않을 수고

바울은 부활을 믿는 사람들이 주의 일을 힘쓰는 수고를 하면 그 수고가 절대로 헛되지 않을 것이라고 했다. 헛되다는 것은 안개처럼 수증기처럼 사라지는 것이다. 바울이 헛되지 않을 것이라고 말한 것은 종말에 이루어질 큰 그림을 염두에 두고 한 말이다. 예수님이 다시 오시는 종말에는 새 하늘과 새 땅이 임하게 될 것이다. 새 하늘과 새 땅은 하나님이 계신 하늘과 시간과 공간이 지배하는 땅의 새로운 융합이다. 따라서 우리가 지금 살고 있는 지구와 우리가 지구에서 힘써 해 놓았던 일들도 새 창조의 재료가 될 것이다.

보통 우리는 종말이 오면 소돔과 고모라식의 심판을 상상하는 경향이 있다. 하늘 곧 하나님으로부터 내려온 불과 유황이 소돔과 고모라에 비같이 내렸다. 소돔과 고모라에 속해 있던 모든 것들(창 19:25; 성들, 온 들, 모든 백성, 땅에 난 것)이 멸망을 당했다. 멸망당하기 직전 하나님은 천사를 보내셔서 롯과 두 딸을 소돔과 고모라에서 꺼내셨다. 종말이 소돔과 고모라 방식으로 심판당한다면 아마도 이런 그림이 펼쳐질 것이다. 예수님이 재림하신다. 그리스도인은 공중으로 휴거 당한다. 그리고 하늘에서 불과 유황이 내려오고 세상은 불타서 없어진다. 그리스도인들이 세상에서 했던 힘썼던 모든 일들도 다 소멸되고 사라져 버린다. 우리는 종종 종말을 생각할 때 이런 그림을 떠올린다.

물론 예수님의 재림이 심판을 위한 것이 아니라는 것은 아니다. 악인들은 부활과 함께 심판대에 오르게 될 것이다. 하지만 그것만이 종말의 그림은 아니다. 아니 악인들의 심판은 종말이라는 큰 그림의 일부가 될 것이다. 종말의 대부분의 그림을 새로운 창조의 모습일 것이다. 그리고 그 새 창조는 우리가 지구 위에서 했던 모든 일들도 재료로 사용될 것이다.

우리가 그림을 그리고 악기를 연습해서 연주를 하는 것, 우리가 편집한 동영상이나 그림들, 여러 가지 손재주로 만들어 낸 작품들이 새 창조의 재료가 될 것이다. 우리가 사회의 어려운 사람들을 돕기 위한 복지 제도들과 장치들 역시 새 창조의 재료가 될 것이다. 우리가 다음 세대에게 아름다운 가치를 나누어주고 좋은 행동을 가르치는 교육 역시 새 창조의 재료가 될 것이다. 우리가 예수님의 십자가와 부활을 전했던 선교와 전도도 새 창조의 재료가 될 것이며 교회는 당연히 그 재료에 포함이 될 것이다. 우리가 하나님의 말씀을 기초로 하여서 하나님의 왕되심과 주되심을 인정함으로 했던 모든 일들을 고스란히 세상 가운데 남게 될 것이고 재림하시는 예수님은 그것을 새롭게 창조하셔서 하늘과 융합시키실 것이다. 그 모습이 어떻게 변할지는 구체적으로 말할 수 없다. 하지만 바울이 "수고가 헛되지 않을 것"이라고 말한 이유가 이런 이유 때문이다.

예수님이 다시 오시는 날은 환희와 영광이 가득한 날이 될 것이다. 부활하신 예수님의 권세와 능력이 우리가 힘쓰고 수고했던 일들을 어떻게 새롭게 창조할 것인지를 목도하게 될 것이니 말이다. 이 세상의 종말에 이루어질 새 창조의 역사는 지금껏 세상에서 발견할 수 없었던 생명의 역사일 것이다. 예수님의 몸이 부활체로 새창조되었듯이 우리의 몸도 새 창조되고 우리가 사는 세상도 새 창조되고 우리가 힘썼던 주의 일의 결과물과 과정도 새 창조될 것이다.

따라서 지금 여기에서 우리가 하고 있는 일들에 부활의 의미를 부여해야 한다. 우리가 우리에게 허락하신 사람들을 주의 사랑으로 사랑하는 일들, 하나님을 사랑하기 위해서 기도하며 예배하며 하나님의 말씀을 주야로 묵상했던 일들, 교회 공동체를 섬기고 지역의 소외된 자들을 섬겼던 일들, 지구 환경을 위해 분리수거를 하고 환경 오염을 줄이기 위해 노력했던 일들, 우리가 속한 공동체가 보다 정의롭고 공정하게 만드는 일들. 이 모든 일들이 주님이 재림하실 때에 모두 의미 있는 재료가 될 것이다. 결코 안개처럼 수증기처럼 헛되이 사라지지 않을 것이다.

우리가 하는 주의 일이 새 창조의 재료가 된다는 말에 고개를 갸우뚱할 분들을 위해서 한 가지 예를 더 들어보겠다. 예수님의 부활을 여러 번 목격한 베드로와 요한은 하나님의 나라의 일에 대한 예수님의 40일간의 교육을 이수했다. 그리고 두 사람은 오순절 성령도 체험했다. 베드로와 요한은 성전에 기도하러 가다가 성전 미문美門에서 구걸하던 사람을 만났다. 구걸하던 사람을 습관대로 베드로와 요한에게 구걸을 했다. 하지만 두 사람은 돈 대신 부활하신 예수님의 능력을 나누어 주었다. 그러자 구걸하던 사람의 다리에서 새 창조가 일어났다. 이 사건은 무엇을 뜻하는가? 단순히 두 제자가 예수님처럼 병을 고쳤다. 성령의 능력이 대단하다 라고 마무리 짓지 말아야 한다. 사실 두 제자는 승천하시는 예수님과 그 옆에 서 있던 천사들의 말 때문에 예수님의 재림이 임박하다고 알고 있었다. 예수님이 승천하신 것처럼 얼마 후에 재림하실 것이라고 믿었다. 그것은 무엇을 말하는가? 예수님이 재림하시면 어차피 구걸하는 사람도 부활체가 될 것인데 왜 베드로와 요한은 임박한 재림을 알면서도 굳이 구걸하는 사람들 고쳤는지 의문이 든다. 하지만 베드로와 요한은 자신들이 하는 주의 일들이 헛된 일이 아니라는 것을 알고 있었다. 베드로와 요한은 자신들이 하는 주의 일이 종말에 일어날 새 창조의 재료가 될 것임을 알고 있었던 것이다.

4. 부활의 증인

기독교 예화를 소개하는 인터넷 사이트에 본 예화이다.[33] 어떤 목사님이 광산 지역으로 전도를 갔다고 한다. 그런데 광부들이 전부 다 목사님이 전도하는 것을 만류했다. 그 목사님은 전도를 만류하는 사정 이야기를 들어보았다. 얼마 전에 선교사 한 명이 광산에 들어왔는데 광산의 승강기를 타보았다고 한다. 그 광산의 승강기는 쇠줄 하나에 매달려 있는 바구니였으며 내려갈 때 한 쪽 면이 낭떠러지 같이 훤히 다 보였다고 한다. 그런데 그 선교사가 그만 승강기를 타는 도중 기절했다고 한다. 떨어져 죽을까봐 겁을 먹고 기절했던 것이다. 광부들은 "예수 믿으면 구원받는다고 말하는 양반이 죽을까 봐 기절한다면 우리가 그 말을 어떻게 믿을 수 있겠느냐?"고 하면서 그 목사님이 전도하는 것을 말렸다는 것이다.

부활을 믿는 선교사가 죽는 것이 무서워 기절했다는 것은 뭔가 앞뒤가 맞지 않는 것이다. 사실 이 예화는 요즘 한국 개신교에 경종을 울리는 예화이다. 복음은 입으로 전하는 것이 아니라 삶의 모습으로 전하는 것이다. 그래서 라브리 공동체로 유명한 프란시스 쉐퍼 박사는 그리스도인들에게는 오직 한 가지 과제만 있다고 했다. 즉 부활의 삶을 살아내는 것이라고 했다.[34] 우리가 예수님의 부활의 능력을 미리 맛보는 삶을 살아낼 때 예수님을 모르는 사람들은 우리가 믿는 사실들에 진정한 관심을 보일 것이다.

예수님을 믿는 우리에게도 절망스러운 일이 찾아온다. 죽음과 다름없는 절망을 종종 느낀다. 재수 삼수한 자녀가 또 다시 대학입시에 실패한다. 사업이 부도 위기에 놓이거나 하루아침에 엄청난 경제적 손실을 겪는다. 갑자기 교통사고로 인해 장애를 안게 되거나 희귀난치병으로 인한 급격한 삶의 변화가 찾아온다. 죽음이나 다름없는 절망이 찾아온다. 하지만 부활을 믿는 사람들은 이러한 절망에도 불구하고 그것은 딛고 일어설 수 있는 능력이 있다. 우리는 미래의 부활을 현재로 끌어와서 사용할 수 있는 특권이 있다. 그것이 부활의 능력을 맛보는 삶이다. 지금은 예수님의 부활을 통해서 사탄이 주도하는 무질서와 혼돈의 세력들은 무저갱에 결박당해 있다. 하지만 여전히 죽음과 죄의 영향력이 우는 사자와 같이 울부짖는 소리로 우리를 위협한다. 하지만 우리는 그런 죽음과 죄의 영향력과 싸워서 승리할 수 있다. 죽음의 세력이 우리를 공격해 올 때 우리는 잠깐의 실패감을 느낄 수 있으며 좌절하고 분노할 수는 있다. 하지만 우리는 곧바로 일어설 수 있는 능력이 있다. 새로운 힘이 솟구쳐 오르는 것을 경험하게 된다. 그런 부활의 삶을 살아가는 것이 최선의 선교이다.

십자가와 부활을 입으로 전하는 노방전도, 축호전도, 일대일전도, 관계전도도 매우 중요하다. 복음을 전하지 않으면 들을 수 없고 들을 수 없으면 믿을 수 없다. 믿을 수 없다면 구원도 없는 것이다. 지금까지의 기독교 역사는 그리스도인 한 사람 한 사람의 전도와 선교를 통해서 2천 년을 이어져 내려왔다. 여기에 우리는 한 걸음 더 나아가 부활의 증인으로서 살아야 한다. 부활의 증인은 예수님처럼 사는 것이다. 예수님은 제자들에게 이런 말씀을 하신 적이 있다.

"이에 예수께서 제자들에게 이르시되 누구든지 나를 따라오려거든 자기를 부인하고 자기 십자가를 지고 나를 따를 것이니라"(마 16:24)

부활을 믿는 사람은 날마다 자기를 죽이는 삶을 살아야 한다. 죽어야 부활이 있기 때문이다. 완전히 죽지 않으면 부활도 있을 수 없다. 예수님의 십자가와 부활에 연합한다는 것은 나도 예수님처럼 죽을 때 이루어지는 것이다. 우리의 자아가 죽고 우리의 고집이 죽고 우리의 옛 습관이 죽고 우리의 세상적인 꿈이 죽는 것이다.

우리는 매일매일 잠자리에 든다. 잠자리에 들 때 생각하라. 하루의 삶을 마감할 때 관에 들어간다고 생각하라. 그리고 내일 아침 부활의 모습으로 깨어날 것을 기대하라. 매일매일 죽고 매일매일 부활한다면 우리는 예수님처럼 점점 변해 갈 것이다. 잠자리에서 하루를 돌아보면서 여전히 살아서 행동한 자신을 점검하라. 그리고 십자가 아래 나아가 그것들을 다시 못 박아 죽이라. 다음 날 아침 일어날 때에는 새로운 날, 새로운 피조물로 살아갈 수 있게 해 달라고 기도하라.

　이렇게 매일매일 죽고 사는 부활을 경험한다면 어느덧 우리의 삶에서 그리스도의 향기가 나는 것을 보게 될 것이다. 우리의 말, 우리의 행동, 우리의 선택과 우리의 삶의 모습 하나하나가 부활의 증거가 되도록 하면 그것이 부활의 증인으로 살아가는 것이다.

주

1 메시야는 히브리어 '마쉬아흐'를 소리나는 대로 번역한 음역이다. 메시야를 헬라어로 번역하면 '크리스토스'(그리스도)가 된다. 메시야는 '기름부음 받은 자'라는 뜻으로, 구약성경에서는 왕, 제사장, 선지자, 족장, 이방제국의 황제(고레스) 등이 기름부음을 받았다. 선지서는 하나님의 특별한 메시야가 나타나 메시야 시대가 도래할 것을 예언했다. 예수님은 구약의 선지자들이 예언한 바로 그 메시야이자 그리스도가 되신다.

2 양용의 저, 「마태복음을 어떻게 읽을 것인가」(서울: 성서유니온선교회, 2005), p. 486.

3 이승구 저, 「사도신경」(서울: SFC, 2009), p. 252.

4 양용의 저, 「마태복음을 어떻게 읽을 것인가」(서울: 성서유니온선교회, 2005), p. 491. 마태복음 28:9~10은 요한복음 20:11~17과 동일한 사건을 서로 다른 관점으로 기록한 것이다.

5 그랜트 오스본 편, 전광규 역, 「LAB주석시리즈 마태복음(하)」(서울: 성서유니온선교회, 2001), p. 872.

6 톰 라이트 저, 양혜원 역, 「모든 사람을 위한 마태복음 Ⅱ부」(서울: IVP, 2010), p. 282.

7 이재철 저, 「사도행전 속으로; 제4권 택한 나의 그릇」, (서울: 홍

성사, 2011년), p. 421.

8 선제후(選帝侯)는 신성로마제국의 황제를 선출할 수 있는 권한이 있는 제후이다. 신성로마제국의 황제였던 카를 4세는 1356년에 3명의 주교와 4명의 선제후가 황제를 선출하도록 법을 정했다.

9 총회칼빈기념사업회 편, 이상훈 교열, 「쉽게 풀어쓴 참된 장로교인」(서울: 대한예수교장로회, 2016), p. 232~239 참조.

10 이성호 저, 「특강 하이델베르크 요리문답(상)」(안산: 흑곰북스, 2013), p. 170의 번역을 따름.

11 홍인규 저, 「로마서 어떻게 읽을 것인가」(서울: 성서유니온선교회, 2008), p. 43.

12 권연경 저, 「로마서 산책」(서울: 복있는사람, 2010), p. 66~77. 하나님의 진노의 현재성과 죄의 지배 아래에 있는 삶에 대해서 잘 정리해 놓았다.

13 권연경 저, 「로마서 산책」(서울: 복있는사람, 2010), p. 63.

14 권연경 저, 「목회와 신학 2011년 4월호」(서울: 두란노서원), '부활이 복음이다'

15 존 파이퍼 저, 전의우 역, 「존 파이퍼의 거듭남」(서울: 두란노서원, 2010), p. 21. 그의 다른 책에서는 '하나님의 낳음'(God's begetting)이라는 표현을 사용하기도 했다.

16 존 파이퍼 저, 전의우 역, 「존 파이퍼의 거듭남」(서울: 두란노서원, 2010), p. 101.

17 에녹과 엘리야도 죽음을 경험하지 않고 하나님의 데려가심을

입었지만, 그들은 부활체로 변화되지는 않은 상태였다.

18 톰 라이트 저, 양혜원 역, 「마침내 드러난 하나님의 나라」(서울: IVP, 2009), p. 247.

19 이필찬 저, 「내가 속히 오리라」(서울: 이레서원, 2010), p. 873.

20 이필찬 저, 「내가 속히 오리라」(서울: 이레서원, 2010), p. 131.

21 최영숙 저, 「고린도후서」(부천: 서울신학대학교 출판부, 2014), p. 332.

22 김세윤 저, 「요한복음 강해」(서울: 두란노아카데미, 2009), p. 176.

23 양용의 저, 「하나님 나라 어떻게 이해할 것인가」(서울: 성서유니온선교회, 2008), p. 25.

24 톰 라이트 저, 양혜원 역, 「마침내 드러난 하나님 나라」(서울: IVP, 2007), p. 268.

25 요세푸스의 자료에 의하면, 산헤드린 공의회는 대제사장이 의장이었고 제사장 24명과 장로 24명 그리고 서기관 22명으로 구성되었다고 한다. 이 가운데 제사장은 사두개파였고, 장로와 서기관은 바리새파였다.

26 천년왕국설에 대한 간단한 요약을 보려면 전광규 역, 「LAB주석, 요한계시록」(서울: 성서유니온선교회, 2008), p. 358~359을 참고하라.

27 이필찬 저, 「내가 속히 오리라」(서울: 이레서원, 2010), p. 835.

28 하용조 저, 「비전성경사전」(서울: 두란노서원, 2011)에서 '부활'을 찾아보라.

29 이재철 저,「성숙자반」(서울: 홍성사, 2007), p. 298.

30 이재철 저,「성숙자반」(서울: 홍성사, 2007), p. 294.

31 곽선희 저,「사도들의 신앙고백」(서울: 계몽문화사, 1997), p.

32 폴리카르푸스 저, 하성수 역,「편지와 순교록」(서울: 분도출판사, 2000) 중에서 제14장 순교록을 참조. 하느님을 하나님으로, 임을 당신으로 바꾸었다.

33 햇볕같은 이야기(www.cyw.pe.kr) 예화모음에서 '부활'을 검색해보라.

34 임영수 저,「사도신경 학교」(서울: 홍성사, 2001), p. 134